Scríobhann Ré Ó Laighléis don léitheoir fásta agus don déagléitheoir araon, é sin idir Ghaeilge agus Bhéarla. Tá a chuid úrscéalta agus gearrscéalta aistrithe go mórán teangacha agus tá raidhse de ghradaim liteartha gnóthaithe aige go náisiúnta agus go hidirnáisiúnta – ina measc, duaiseanna Oireachtais, duaiseanna Bisto Book of the Year, Duais NAMLLA Mheiriceá Thuaidh agus Duais Eorpach an White Ravens. I 1998, bhronn Uachtarán na hÉireann, Máire Mhic Giolla Íosa, gradam 'An Peann faoi Bhláth' air as a chur le corpas na litríochta Éireannaí. Is iar-Scríbhneoir Cónaitheach in Ollscoil na hÉireann, Gaillimh é (2001) agus le Comhairle Chontae Mhaigh Eo (1999).

Rugadh agus tógadh Ré Ó Laighléis i Sail an Chnocáin i ndeisceart Chontae Átha Cliath. Ó d'fhág sé an mhúinteoireacht i nGaillimh i 1992, tá cónaí air sa Bhoireann, Contae an Chláir.

Ba é *Ár i gCor Chomrua* duais-iarracht Oireachtas na bliana 2005.

Leis an Údar céanna

An Nollaig sa Naigín (MÓINÍN, 2006)
An Nollaig sa Naigín CD (MÓINÍN, 2006)
Sceoin sa Bhoireann (MÓINÍN, 2005)
Gafa (MÓINÍN, 2004)
Bolgchaint agus scéalta eile (MÓINÍN, 2004)
Goimh agus scéalta eile (MÓINÍN, 2004)
Chagrin (Cló Mhaigh Eo, 1999)
Punk agus scéalta eile (Cló Mhaigh Eo, 1998)
An Taistealaí (Cló Mhaigh Eo, 1998)
Ecstasy agus scéalta eile (Cló Mhaigh Eo, 1998)
Stríocaí ar Thóin Séabra (Coiscéim, 1998)
Cluain Soineantachta (Comhar, 1997)
Aistear Intinne (Coiscéim, 1996)
Ciorcal Meiteamorfach (CIC, 1991)

Battle for the Burren (MÓINÍN, 2007)
*The Great Book of the Shapers – A right kick up
in the Arts* (MÓINÍN, 2006)
Ecstasy and other stories (MÓINÍN, 2005)
Heart of Burren Stone (MÓINÍN, 2002)
Shooting from the Lip [compiled and edited]
(Mayo County Council, 2001)
Hooked (MÓINÍN, 1999)
Terror on the Burren (MÓINÍN, 1998)

Punk agus sgeulachdan eile (Ais.) (Leabhraichean Beaga, 2006)
Ecstasy agus sgeulachdan eile (Ais.) (CLÀR, 2004)
Ecstasy e altri racconti (Ais.) (MONDADORI, 1998)

Ár i gCor Chomrua

Ré Ó Laighléis

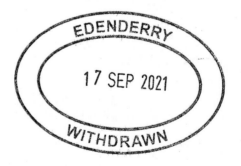

MÓINÍN

Foilsithe ag MÓINÍN, 2007
Loch Reasca, Baile Uí Bheacháin, Co. an Chláir, Éire
Ríomhphost: moinin@eircom.net
www.moinin.ie

Bord na
Leabhar
Gaeilge

Aithníonn MÓINÍN tacaíocht airgid
Bhord na Leabhar Gaeilge.

Tá taifead catalóige i leith an leabhair seo ar fáil
i Leabharlann Náisiúnta na hÉireann agus i leabharlanna
éagsúla de Ollscoil na hÉireann.

Tá taifead catalóige CIP i leith an leabhair seo ar fáil
i Leabharlann na Breataine.

ISBN 978-0-9554079-2-5

Leagtha i bPalatino 10.5/14pt

Is saothar ficsin é seo a bhfuil cúlra stairiúil leis. Tá roinnt de
ainmneacha na gcarachtar agus na logainmneacha mar a bhí i 1317.
Is as samhlaíocht an údair a d'eascair ainmneacha ar bith eile agus,
má tá cosúlacht ag ceann ar bith acu le haon duine beo nó marbh,
is comhtharlúint é sin.

Nóta speisialta buíochais le Mícheál Ó hAllumhráin, Cill Díomó,
Co. Luimní, as a chomhairle i dtaobh chruinneas na logainmneacha.

Clóchur le Carole Devaney
Dearadh Clúdaigh le Raydesign
Arna phriontáil agus cheangal ag Clódóirí Lurgan, Indreabhán, Co. na Gaillimhe

Brollach

Sa bhliain 1317 AD, tháinig deireadh le cogaíocht fhada na mBrianach nuair a troideadh cath cinniúnach idir dhá thaobh na clainne sin i gCor Chomrua, ar shleasa na Boirne i gContae an Chláir. Ba é seo an cath deiridh sa chogadh ar ar tugadh Caithréim Thoirdhealaigh, cath a chinntigh ceannasaíocht na clainne ar deireadh. Ba iad na col ceathracha Diarmaid, Prionsa na mBrianach, agus Donncha, Prionsa na Rua-mBrianach – a raibh socrú idir é agus an tiarna Normannach, de Clare – a thug aghaidh ar a chéile, agus a throid an cath ba fhíochmhaire a troideadh idir an dá thaobh riamh.

De réir an mhiotais, ar an oíche roimh do na hairm dul ar pháirc an áir, tháinig an chailleach, Duairceas na Boirne, mar fhís chuig saighdiúirí Dhonncha, áit a raibh a gcampa déanta acu ar bhruach Loch Reasca, agus d'fhógair sí go ndéanfaí sléacht thar mar a fhacthas riamh. Is é seo uile is cúlbhrat do *Ár i gCor Chomrua*.

Is comh-shníomh den tsamhlaíocht agus de fhíricí na staire é an saothar seo. Cé gur iniúchadh sonraí stairiúla an ama go críochnúil i bpleanáil an tsaothair seo, tugadh tús áite do ghné an chruthaitheachais sa scríobh sa mhéid is gur scéal grá, scéal uafáis, scéal dorcha go príomha é. Toisc, thar aon ní eile, go bhfuil an saothar faoi riar ag paisean na leannán óg, Iarla agus Sorcha, agus ag an gcoimhlint idir Olc agus Maitheas, is sa chomhthéacs sin a chuirtear fórsaí na doircheachta agus na Maitheasa i láthair an léitheora, é sin trí'n gcarachtar mailíseach, Feardorcha, agus trí'n seanmhanach dall, Benignus, a bhfuil bua na tairngreachta aige.

Tá saoirse chruthaitheach glactha ag an údar maidir le hainmneacha na gcarachtar agus sonraí na dtarlúintí éagsúla. Tá logainmneacha na Boirne mar a bhí ag am an chatha agus mar atá fós.

Ré Ó Laighléis
Baile Uí Bheacháin, *Feabhra 2007*

Do mhuintir na Boirne

1

Lá go luath i bhFómhar na bliana 1317 AD. Tá aghaidh an Bhráthar Benignus casta i dtreo an tsléibhe chreagaigh a thuilleann ainm dó féin ón mainistir atá lonnaithe i gCor Chomrua. Tá cuma lonrach ar Chnoc na Mainistreach an mhaidin seo. An dromchla carraigeach chomh glan glé sin faoin solas gur furasta béil na bpluaiseanna diamhra doimhne in ionathar an tsléibhe a aithint. Beidh cineáltacht sa lá, seans, síleann Benignus. Go deimhin, má sháraíonn gus na gréine na scamaill fhuadracha fhiúranta atá á scuabadh isteach ón bhfarraige le roinnt laethanta anuas, beidh an lá ina sheoid ar fad, dar leis.

Tochas ar bhog na cluaise air, é ag ealaín leis nó go ndéanann sé dinglis de féin. A fhios aige láithreach gur bídeog de dhamhán alla é. Cuimhníonn sé gur airigh sé líon an fheithidín ag greamú dá éadan agus é ag seilmidiú leis trí ghairdín an Bhráthar Germanus ar ball beag nuair a bhí sé ag déanamh ar an aireagal le haghaidh phaidreacha na hiarmhéirí. Agus cuireann sé ciotóg le bog na cluaise céanna, barra na méar á n-oibriú go cáiréiseach aige nó go n-aimsíonn sé an créatúr, ansin ritheann míorúiltín ochtchosach an Nádúir go fánóideach ar dhromchla chúl na láimhe air. Leis sin, íslíonn an manach an leathlámh leis an mballa íseal a scagann cosán agus fásra óna chéile agus ceadaíonn don neach beag éalú leis isteach san fhéar drúchtach.

Is den tadhall é saol Benignus – é den tadhall, den fhuaim, den bholtanas, den bhlas. Titim de chairrín asail agus é ina bhuachaill óg ag fás aníos i sráidbhaile beag Trowbridge i Wiltshire Shasana ba chúis le radharc na súl a sciobadh uaidh. Ach, d'ainneoin a óige, chuir sé air féin na céadfaí eile a ghéarú mar chúiteamh ar an gcailliúint. É minic ina gcaint ag na bráithre eile sa chomhluadar, toisc grinneas na gcéadfaí eile ag Benignus, gur géire i bhfad é ná iad sa mhéid a mhothaíonn sé trí chéadfaí ar bith, bíodh radharc na súl i gceist nó ná bíodh.

"Cén chailliúint dom é?" ar sé lá leis an gcomhluadar, agus iad á cheistiú faoi é a bheith dall. "Is trí'n gcroí agus trí'n anam a fheictear rud ar bith go fírinneach, a bhráithre. Cá hann don Dia a chruthódh Neamh agus Talamh a dhéanfadh bua ar bith a sciobadh de dhuine gan é a chúiteamh dó ar bhealach éigin eile?"

Agus tháinig gaois le haois chuig Benignus, agus mhéadaigh siadsan beirt tréith na foighne sa seanóir. Agus is i ngeall ar an bhfoighne sin agus an grá a léiríonn sé don uile ní cruthaithe go bhfuil an oiread sin ceana ag a chomhbhráithreacha Cistéirseacha air. Tá sé blianta maithe ó tháinig siad chun a bpréamhacha a chur fúthu agus an mhainistir i gCor Chomrua a bhunú ar shleasa na Boirne – ceantar creagach na háilleachta i nDál Cais. Is í an fhoighne agus uas-úsáid na mbuanna eile úd a d'fhág Dia aige a thugann léargas do Bhenignus ar an domhan máguaird. Díreach mar is eol dó Cnoc na Mainistreach a bheith soir ó thuaidh air, tá a fhios aige leis gurb ann atá Cuan Eachinis agus Cuan an Chorráin Rua – na góilíní beaga úd ina ndéantar neamhní d'fhearg na farraige i dtráth an rabharta. Tuigeann sé chomh maith go bhfuil Cnoc an Torlaigh ó dheas ar an áit ina bhfuil sé agus, ina dhiaidh sin arís, Sliabh an Chairn agus, níos faide fós ó dheas ná iad sin beirt, draíochtsheoid chlaonta shraitheach na Boirne – An Mullach Mór féin – an sliabh ar shéid an Cruthaitheoir an anáil bhreise air lá úd a dhéanta.

Siar ar Ghleann an Mhóinín, siar ar an áit a bhfuil an mhainistir, tá Sliabh an Mhóinín féin, agus siar air sin arís tá an talamh mhéith, áit a bhfuil ceantair Chill Eochaille agus Loch Reasca agus mórán eile nach bhfuil a n-ainmneacha fiú ar a n-eolas ag Benignus agus na bráithre. Agus ina bhfoisceacht sin uile tá Muc Inis, áit a bhfuil a gcaisleán ag Clann Lochlainn.

Tugann Benignus cúl le grian agus casann a shúile i dtreo Shliabh an Mhóinín. Tá aduaine inbhraite éigin ar an leoithne a sheoltar chuige. Rud corraitheach, dar leis. Gairge de chineál. Is meascán é den aer, den allas, den dó, cé nach féidir aon cheann ar leith díobh sin a bholú ann féin. Manglam. Manglam an mhíshuaimhnis. Agus cuirtear lena mhíshuaimhneas nuair a chuimhníonn Benignus go bhfuil na céadfaí géaraithe ann thar mar atá ag an ngnáthdhuine – go bhfuil bua breise aige ar a dtugann na manaigh eile 'bua an chúitimh', nuair is cás leo a bheith ag spochadh as. Ach cuma céard iad eilimintí na gairge seo ar an aer chuige, tá sé cinnte ina intinn gur drochthuar de chineál éigin é. Atann polláirí na sróine air agus é á análú go tréan le go ndéana sé ciall den bholadh, agus cuirtear leis an míshocracht a airíonn sé istigh. Agus, de thobainne, roptar as an smaoineamh é nuair a theagmhann eite choirre éisc dá chloigeann agus é ag faoileoireacht go híseal os a chionn. Agus séidtear gaoth úr in eitiltshruth an éin.

"Níor chuala tú an clog á bhualadh, a Bhenignus?"

Siar eile bainte as ag caint seo an Bhráthar Placidus nuair nach raibh aon choinne aige leis.

"Céard a deir tú, a Bhráthair?" arsa an dall.

"An clog, a chara liom. An é nár chuala tú é? Tar uait, am bricfeasta. Brisimis an troscadh i gcomhluadar a chéile." Agus bogann Placidus leis ar shála na cainte sin agus imíonn ar ais faoin áirse chloiche faoinár tháinig sé ar ball. Leanann Benignus é, lámh á cur leis an mballa aige, ansin leis an sconsa adhmaid ar chiumhais an ghairdín agus á leanacht sin mar threoir chun an phroinntí. Nuair a thagann sé faoin áirse féin, airíonn sé fuaire an scáthbhaic chloiche ar a bhaithis agus tagann íomhá fhéinchumtha den chorréisc úd ina intinn. Tá sé in amhras an bhfaca sé éan mar é riamh le linn an achair ghearr a raibh radharc na súl aige. Agus má chonaic, is cinnte nach bhfuil aon chuimhne léir aige ar a leithéid a fheiceáil.

Stadann Benignus den tsiúl soicind. Braitheann sé fuaire eile seachas díbirt na gréine ag an gcloch. Fós eile súnn sé a bhfuil ar an aer isteach ina scámhóga agus líonann leathan luchtaithe iad. É trína chéile i gcónaí faoina mbolaíonn sé. Ansin meallann cantaireacht *Ora pro nobis* san áit istigh ar aghaidh i dtreo an phroinntí é.

"*Et pro cibo novo, Deo gratia.*"

"Áiméan," arsa na manaigh, iad ag freagairt don tabhairt buíochais do Dhia atá á ghuí ag an Ab, an Bráthar Nilus.

Suíonn Benignus taobh le Placidus ag an mbord. Seanchairde iad a d'fhás aníos le chéile i Trowbridge agus, in aois a chúig déag, a tháinig go hÉirinn chun cur le comhluadar na manach in Inis Leamhnachta i gceantar álainn Chluain Meala na hUrmhumhan. Seanbhráthair taistealach as mainistir na Cistéirseach san áit sin a thug an deis dóibh teacht ann. Ba iontach an seans acu é éalú ó bhochtaineacht na cosmhuintire ina dtír dhúchais féin agus eolas a chur ar an Laidin, an scríobh agus léamh. Ní fhéadfaidis blas díobh sin a fháil dá leanfaidis den rud suarach a bhí leagtha amach dóibh i Sasana. Go deimhin, cén seans ar chor ar bith a bheadh ag Benignus dá bhfanfadh sé sa bhaile agus é chomh dall le cloch? Cruatan agus dearóile a bheadh i ndán dó agus gan a dhath eile ach iad. Ba é an rud ab uaisle a d'fhéadfadh tarlú do ghasúir mar iad, i dtuairim a dtuismitheoirí, ná go bhfreagróidis do chuireadh Dé féin. Níor bheag ach an oiread é, ar ndóigh, ualach a dtógála agus a mbeathaithe a bheith bainte dá gclanna ar an dóigh sin.

Scór go leith de bhlianta a chuir an bheirt chairde díobh i mainistir Inis Leamhnachta agus, d'ainneoin gur chuir ab an mháthair-thigh i bhFurness Shasana in aghaidh a n-imeacht as Tiobraid Árann, d'imigh siad leo in éineacht le ceathrar eile de mhanaigh Mhainistir Mhór Mellifont an Laighin, chun cur le líon na manach a bhí i gCor Chomrua cheana féin. Agus nárbh iad na blianta céanna a d'imigh leo ar luas lasrach …

"Tá tart ort, a Bhenignus?"

"Go deimhin, tá, a Phlacidus, agus tart an domhain mhóir. Bhain míchompord éigin an mhaith de chodladh na hoíche díom agus nuair a dhúisigh mé i gceart bhí mé cíocrach i ndiaidh uisce. Bhí mo scornach á dó an oiread sin i ndiaidh phaidreacha na hiarmhéirí go ndeachaigh sé dian orm mo mheon a dhíriú ar an urnaí féin." Agus blaiseann Benignus uair nó dhó d'uisce an eascra chré atá ina dheasóg aige agus é á insint sin dá chara.

Fear simplí é Placidus nach cás leis dul le mór-fhealsúnacht de chineál ar bith. Aithníonn sé ar an dall go bhfuil sé buartha ar fháth éigin le tamall de laethanta anuas. Is é Placidus, thar dhuine ar bith eile de na bráithre, a thuigeann nach amháin go bhfuil cúiteamh Dé déanta i leith Bhenignus maidir le géarú na gcéadfaí ach, anuas air sin, go bhfuil sé de bhua aige nithe a thuiscint ar bhealach nach dtugtar do dhaoine eile. Tá a fhios aige gur mó i bhfad a fheiceann Benignus ná an suarachas fisiceach. Bua na fáistine aige. Bua a cheadaíonn dó breathnú uaidh thar limistéir an domhain saolta seo.

"Is é an t-achrann seo leis an Normannach de Clare, nach é, a Bhenignus?" ar sé.

"A dhath eile ach é, a chara liom," arsa Benignus, aguis cuireann sé stop ar a bhéal soicind nó dhó. "An diabhal ceangal gránna seo idir é agus lucht Rua Uí Bhriain in aghaidh shliocht Thoirdhealaigh. A bhfuil le teacht léirithe dom i ndubh na hoíche, nuair is beoga bruidearnaigh mo mheon ná tráth ar bith eile den lá a thug an Cruthaitheoir dúinn uile."

Breathnaíonn Placidus go cineálta ar a chara. Go ró-mhaith a thuigeann sé gur ualach mór ar Bhenignus é bua seo na fáistine.

"Sea, faraor géar! Léiríodh bás agus dó agus scrios ar measa iad ná rud ar bith a fhacthas ón uair úd míle cúig chéad bliain ó shin, nuair a réab lasracha loiscneacha go raspanta trí'n spéir agus rinneadh feannadh fearbach os cionn Shliabh Cheapán an Bhaile."

Tá leithead gheata ar shúile Phlacidus agus é ag éisteacht le caint seo a chomrádaí. Airíonn sé drithlín fuachta ag dul tríd ó bhonn go baithis. De ríog a ghearrann sé Comhartha na Croise air féin, amhail is go dtuigeann sé nach bhfuil tuiscint ar na nithe seo i ndán dá leithéid agus nach mbeidh de chosaint aige orthu ach trócaire Dé féin.

"Ach cogar seo liom, a chara mo chléibh," arsa Placidus, "shílfeá, agus tú á fheiceáil seo roimh ré, go bhfuil bealach ann len é a chealú sula dtarlaíonn sé ar chor ar bith."

"Ba dheas é dá mba amhlaidh a bheadh," arsa Benignus. "Is iomaí rud a fheicimse agus a dhéanaim fáistine air, ach ní hann don fhísí ar domhan a bhfuil sé de chumhacht aige toil Rí na nUile a athrú."

Sruthlaíonn cuimhní ar scéalta Boirneacha atá cloiste thar na blianta ag Placidus isteach ina intinn. An scéal úd faoin scrios coscrach a rinneadh i gceantar Loch Reasca i bhfad roimh aimsir Chríost a ghlacann tús áite ina smaointe. Ba thráth é nuair a bhí an ceart á riar ag neart. Dá mba fhíor an méid a bhí feicthe ag Benignus san fháistine, ba bheag a d'fhéadfaí a dhéanamh len é a chosc, seachas sin a bhí déanta cheana féin ag Placidus ar ball beag. Gearrann sé Comhartha na Croise air féin athuair agus luíonn isteach ar an arán coirce atá ar an trinsiúr os a chomhair. Ní bhlaisfidh sé a dhath eile i ndiaidh bhonnóg seo na maidine nó go mbeidh an lá fada oibre sna garraithe curtha de. Is ansin a thiocfaidh an comhluadar le chéile athuair le proinn na hoíche a ithe. Breathnaíonn sé ar Bhenignus arís agus airíonn an dall súile a chara air.

"Ná luíodh sé seo ina bhuairt ort, a Phlacidus. Ní dheonaítear tuiscint ar na cúrsaí seo orainn agus is é atá dlite dúinn an tuiscint sin a fhágáil ag an Uilechumhacht."

Cling aonar chlog na mainistreach a leathann riail an tosta orthu agus iad fós ag ithe. Cromann siad beirt a gcloigne agus tugann lán a n-aird do na bonnóga atá faoina mbéil acu. É ina mhaidin, agus beidh ina oíche nuair a thagann sin agus, más é toil an Té a riarann a leithéidí, súfar grian aníos thar íor na spéire arís lá arna mhárach.

2

Buaileann Iarla Ó Briain, mac Dhiarmada, sceilp dá leathlámh ar cheathrú an chapaill agus ligeann an t-ainmhí chun bealaigh de sciotán. Caitheann an t-ógfhear é féin i measc na raithní a chiumhsaíonn an treo soir ar ghráig Bhaile na Creige. É ar a chosa arís de luas lasrach nuair a chloiseann sé marcaigh chuige. Cromann sé go híseal, déanann de rúid i dtreo roschoill na gcoll agus luíonn béal faoi ar an talamh. Tuairim mhaith aige gur de mhuintir Rua Uí Bhriain iad siúd atá ag teacht – a chol seisreacha féin, a bhfuil a chlannsa in adharca cogaidh leo le breis agus dhá scór bliain anuas. Dá dtiocfaidis air sa chonair orthu agus dá n-aithneoidis é mar mhac Dhiarmada, is cinnte go mbeadh a chláirín déanta.

Solas na lánghealaí atá crochta os cionn Charraig an Iolair a bheireann ar bháine shúile Iarla agus é ag breathnú amach trí chosa na raithní, ach thairis sin níl a dhath de le feiceáil. Buillí mearaithe a chroí i gcompás le dordán drandamach chosa na n-each agus iad ag rampaireacht leo. Airíonn sé an t-allas ag ardú ar a chliabhrach cheana féin agus tochas air toisc meascán mioscaiseach olann a léine leis an bhfliuchras. Torann na rampaireachta á mhéadú ina thoirneach agus brúnn sé é féin go láidir in aghaidh na talún. Feiceann sé cosa caola na gcapall á rásáil féin go tráithnníneach in aghaidh ghile na gealaí agus, de chasadh boise, táid bailithe leo. Agus, i ndiaidh an chlampair, an ciúnas – ciúnas atá, ar bhealach contráilte éigin, gach aon phíoc chomh clamprach lena ndeachaigh roimhe.

Seasann Iarla athuair agus bogann i dtreo na conaire. Tá sé díreach in am chun scáthanna na marcach deireanach a fheiceáil á gcealú féin san imeacht, áit a dtéann siad as radharc air ag cladach Bhéal an Chloga. Tá an dusta atá ardaithe ag na capaill ag cur dinglise ar chordaí Iarla. Fonn air casacht a ligean, rud nach ndéanann toisc gléacht an aeir mháguaird. Is é is lú ar domhan atá uaidh ná go gcloisfeadh na marcaigh é agus go gcuimhneoidis ar chasadh thart arís.

Iad daingean diongbháilte ina n-imeacht, na marcaigh. Is léir a dtriall a bheith ar Mhainistir Chor Chomrua le go bhfógróidh siad do na manaigh go mbeidh a dtiarna, an Prionsa Donncha Rua Ó Briain, ag cur faoi ina measc ansin níos déanaí an oíche chéanna. Duine de shinsir Dhonncha – Dónal Mór Ó Briain féin – a bhronn an talamh ar ar tógadh an mhainistir ar na Cistéirsigh nuair a chéad-tháinig siad go Dál Cais. Agus níl tabhairt gan chúiteamh, deirtear, agus dá réir sin, cuirfidh an tAb Nilus fáilte thar thairseach roimh an bprionsa Brianach. Thabharfadh Iarla ór agus airgead uaidh le fonn ach deis a bheith aige a athair, Diarmaid, a chur ar an eolas faoina bhfuil ag tarlú. Tá sé cúpla lá ó shin ó thug a athair air féin máirseáil aneas as Barúntacht Bhun Raite agus, má tá tarlaithe de réir mar a bhí beartaithe, beidh saighdiúirí Dhiarmada campáilte i gceantar an Chairn an oíche seo, agus gan iad ach achar gearr ó dheas ar Chor Chomrua.

D'fhág Iarla féin Bun Raite cúpla lá roimh Dhiarmaid agus é mar fhocal scoir lena athair aige go gcasfadh sé arís air an oíche seo féin i nGleann an Chlaib, ar an taobh ó thuaidh de chlochán an Chairn. Ach, dá uaisle iad cúrsaí cogaidh, ní huaisle rud ar bith i meon fir scór bliain d'aois ná cúrsaí grá. Ceangal úd na seirce idir Iarla agus Sorcha, iníon an Mhathúnaigh – an Mathúnach céanna atá ina dheargnamhad ag athair Iarla – tá sé daingean dílis docht. Is tapúla mar a chuireann an smaoineamh uirthi an chuisle ag preabarnach i bhféitheacha Iarla ná mar a rinne na marcaigh bhagracha úd ar ball beag. Scéimhbhean í nach bhfuil an naoiú bliain déag curtha di fós aici. Fís. Í ard fionn mánla agus gan d'fhadhb ag an mbeirt leannáin ach an naimhdeas seo atá ag a n-aithreacha dá chéile.

Mar sin, ba é ba chúis le himeacht Iarla roimh an athair ná go raibh socraithe aige bualadh le Sorcha. Faoi rún ar fad a rinneadh an réiteach sin, díreach mar a bhí gach aon uair eile a chas siad ar a chéile. Dá mbeadh a fhios ag ceachtar de na haithreacha faoi ghaol na leannán chuirfí cosc air láithreach – é sin nó bheadh ar Iarla gach ceart chomharbais agus taoiseachta a ligean uaidh. Ó thosaigh siad ar a chéile a fheiceáil dhá bhliain roimhe sin, ba iomaí uair don bheirt castáil go rúnda i gcearn amháin nó cearn eile de thailte an Mhathúnaigh. Agus an chéad uair úd a theagmhaigh siad dá chéile, béal ar bhéal, bhí sé mar a bheidis scuabtha leis ag cuaifeach gaoithe a raibh an gliondar agus an sásamh agus an uile dhea-ní mar chosa faoi. Agus mhéadaigh ar na huaireanta a chas siad ar a chéile agus iad i gcónaí ag dul i muinín a gcairde le sin a shocrú dóibh.

Ach sháraigh teacht le chéile na leannán an oíche seo dánacht iarracht ar bith eile go nuige seo. Iad ag bualadh le chéile faoi rún ar an oíche sula dtabharfadh a n-aithreacha aghaidh ar a chéile ar an ármhá. Go deimhin, sheasfadh Iarla féin taobh lena athair in aghaidh an namhaid agus – dá mba ghá é – sháfadh sé claíomh go feirc i gcliabhrach athair na mná óige a bhfuil a chroí géillte aige di. Láthair an chatha ar a n-eolas ag an mbeirt óg le roinnt seachtainí anuas agus ba é an leithscéal a chum Sorcha faoi gur mhaith léi cuairt a thabhairt ar mhuintir a máthar i gceantar Mhuc Inis a chinntigh go gceadófaí di an t-aistear a dhéanamh in éineacht le fórsaí an Phrionsa Donncha. Agus b'in mar a tharla í a bheith i gceantair Chill Eochaille agus Loch Reasca.

"A Iarla," ar sí de chogar, ar fheiceáil chruth aclaí an fhir óig di, agus a bhealach á dhéanamh go cáiréiseach aige ar an gconair chrannmhar a thabharfadh go ciumhais Loch Reasca é. Chas an t-ógfhear agus chaith léasacha na gealaí solas ar a leath-éadain, agus b'in os a chomhair í, Sorcha na háilleachta, í taobh le crann a ndeachaigh seisean thairis cheana féin. Í gealchraicneach lonrach grástúil, agus gile na gealaí céanna a chaith solas ar chruth Iarla roimhe seo anois ag ealaín go tarraingteach lena banúlacht.

"A Shorcha, a chroí," ar sé, agus bhog sé ina treo láithreach. Chuir sé a dhá lámh timpeall uirthi, d'fháisc chuige í agus d'airigh prams-phreabarnach a croí in aghaidh a chliabhraigh féin. Ansin, bhrúigh sé amach uaidh í rud beag agus lig do ghathanna na gealaí a gcuid féin a dhéanamh dá háilleacht athuair. "A Shorcha-ó, a stór," ar sé, agus é á druidim chuige fós eile, "ní chreidfeá mar a d'airigh mé uaim tú."

Bhrúigh siad iad féin go tréan in aghaidh a chéile, corp ar chorp, béal ar bhéal, agus bhraith siad beirt an riachtanas ag borradh ina gcuislí.

"Agus d'airigh mise uaimse tú, a chroí liom," arsa Sorcha de ghearranáil, agus chúlaigh sí uaidh soicind nó dhó agus rinne an iall i mbrollach a gúna a scaoileadh.

Tháinig sí chuige arís agus phóg siad a chéile go fada dian. Ansin rinne sí béal Iarla a dhruidim lena cliabhrach nó gur aimsigh a liopaí dide righin na cíche uirthi agus d'oibrigh sé a theanga go mall miangasach ciorclach uirthi. D'ísligh siad iad féin chun talún agus rinne aon díobh féin. Agus d'fhág mearchiall na collaíochta dall ar fad iad ar na súile dorcha slítheánta a bhí á mbreathnú as áit rúnda i measc na sceach.

Luigh siad go dlúth le chéile i ndiaidh dóibh an racht a ligean díobh agus bhí siad beag beann go ceann tamaill ar leoithne an fhuachta a d'éirigh thart orthu nó gur chas sí ina gaoth, agus rinneadh néalta dubha troma a scuabadh isteach go gusmhar ón bhfarraige aniar. Bhreathnaigh an bheirt i dtreo na spéire agus chonaic siad duibhe na scamall á leathnú féin agus ag déanamh neamhní de ghile na réaltaí. Sheas siad, agus guaim á choinneáil orthu féin i gcónaí acu, agus rinne a raibh d'fhéar agus de chraobhóga ar a n-éadaí a scuabadh díobh. Agus, sa bhanrach thíos cois locha, áit a raibh a gcampa déanta ag saighdiúirí Dhonncha, d'éirigh na capaill míshocair agus seoladh a seitreach ar an aer go cluasa na leannán thuas. Threisigh ar an ngaoth fós eile. Go deimhin, threisigh air chomh maith sin is go raibh an ghealach féin i mbaol a bheith ite ag na scamaill.

"A Dhonncha," arsa Sorcha, agus ba léir an faitíos agus an imní ar a glór. Dhírigh sí aird an fhir óig ar an spéir. Bhreathnaigh siad beirt ar dhoircheacht na duibhe ag creimeadh léi isteach ar bhuí-sholas na gealaí, í ag leathadh dorchadais iomláin, áit a raibh scáthanna go dtí sin. Agus sheas na leannáin go docht le chéile agus bhí an uile ní faoi riar ag ciúnas aduain tamall. Níorbh ann do ghaoth ná leoithne a thuilleadh, níorbh ann do sheitreach na n-each, níorbh ann do bhuille chuisle ar chuisle.

Tost. Agus, i ndiaidh an tosta, d'eascair torann toirmiúil go mall racánach as ionathar na firmiminte. Bhí an chuma air mar thorann gur gineadh ar dtús é i mbolg domhain na hithreach ach, de chasadh éigin, gur éirigh leis é féin a theilgean chun na spéartha. Dheasaigh Sorcha isteach níos congaraí le hIarla. D'ísligh na leannáin a n-amharc agus dhearc siad ar a chéile, a súile anois lán d'fhaitíos, lán d'amhras. Níor thúisce sin ná gur scaird bladhm mhór solais go bagrach gorm-bhuí ó cheann ceann na spéire agus caitheadh scáthanna neamhshaolta ar éadain na beirte. Agus, ar a shála sin, cluineadh seitreach na gcapall cois locha athuair ach, an babhta seo, bhí a míbhinneas breactha le gártha fraochta shaighdiúirí Dhonncha. Ansin, d'ainneoin duibhe na néalta a ghabh an spéir, caitheadh solas diamhair ar cheantar an locha den chéad uair an oíche seo. Ba léir d'Iarla aghaidheanna na bhfear a sheasfadh ina choinne sa chomhrac lá arna mhárach. Ba fhís le háireamh iad a ngnúiseanna, iad mearbhallach sceonmhar agus, cé nár léir ionsaitheoirí a bheith ann, bhí aghaidheanna na saighdiúirí dearg-dhrithleach fuilteach. Ba mhó ba scréachanna uafáis ná gártha a tháinig uathu ansin agus b'fhacthas d'Iarla go raibh go leor den fhearaibh ag rásaíocht leo go dianghéar i dtreo an uisce agus iad á gcaitheamh féin ceann ar aghaidh isteach sa loch draoibeach. Roinnt eile díobh, bhí siad ar a ndearg-ndícheall na capaill a chiúnú. Bhí na hainmhithe céanna chomh mearbhlach fraochta sin gur léir an mhire ar roisc mhóra bhleibíneacha a gceanna agus rinne a súile an solas diamhair a aiseag ar a raibh timpeall orthu.

"Breathnaigí ansin thuas," arsa duine de na saighdiúirí,

agus bhí gach cuma air go raibh sé ag síneadh méire i dtreo na háite inár sheas Iarla agus Sorcha i measc na sceach. Bhailigh cuid dá chomrádaithe timpeall air, ansin thosaigh siad ar dhéanamh ar an áit. Leathnaigh súile Shorcha i logaill a cinn ar a fheiceáil sin di.

"Bailigh leat go beo, a Iarla, a stór," ar sí go scaollmhar, "agus go dtuga Dia slán dom tú ar ár an lae amáraigh."

Bhreathnaigh Iarla go dian domhain uirthi. B'áille í ná an áilleacht féin, d'ainneoin dorchadas na cleasaíochta a bhí á imirt ag na scáthanna ar a héadain. Ach ba mhaith a thuig sé nárbh am é seo le bheith ag smaoineamh ar scéimh na mná óige.

"Déanfar sin, a chroí. Tabharfaidh Dia slán ar an anachain mé, a Shorcha, agus beimid le chéile amach anseo, cuma céard a tharlaíonn." Phóg sé go dian í agus bhí sé deacair air é féin a tharraingt uaithi. Ach d'aithin an bhean óg ar ghártha na saighdiúirí go raibh siad ag druidim níos gáire dóibh agus bhrúigh sí a stóirín uaithi.

"Imigh, a Iarla. Imigh leat, in ainm dílis Dé," ar sí, agus choinnigh sí fad láimhe eatarthu agus iad ag breathnú isteach ar shúile a chéile.

"Is aoibhinn liom tú," ar sé. Agus níor thúisce na focail as a bhéal nó bhí sé bailithe leis isteach i measc na gcrann a rinne fearann Chill Eochaille a scaradh ón talamh ard. Lean súile Shorcha é san imeacht agus é ag coisíocht leis go haclaí in aghaidh an sciligh scaoilte aolchloiche a luigh go flúirseach, áit ar theagmhaigh íochtarshleasa Shliabh an Mhóinín agus Shliabh na gCapall dá chéile. Agus, i nganfhios do na leannáin beirt, bhí súile dubha Fheardorcha, leifteanant an Phrionsa Donncha, a d'fhair amach as na sceacha orthu le linn na comhriachtana, dlúthcheangailte ar chruth Shorcha i gcónaí agus cabhail a gúna á ceangal aici athuair. Agus d'eisigh an gliúmálaí gnús-seitreach íseal uaidh ar dheacair idirdhealú a dhéanamh idir é agus rud a dhéanfadh ainmhí.

Nuair a bhain Iarla an talamh ard amach bhreathnaigh sé siar i dtreo an locha. Bhí an spéir glan glé athuair agus ba léir don ógfhear go raibh deireadh leis an bhfuilibiliú a bhí i measc na saighdiúirí ina gcampa ar ball beag. Bhí na capaill bailithe isteach arís acu agus, cé go raibh cuid acu ag cur chóir leighis i gcónaí orthu siúd a gortaíodh go mistéireach, bhí rudaí measartha normálta athuair. D'ainneoin é a bheith píosa maith ón loch ag an bpointe seo, shíl Iarla go raibh sé in ann cuma Shorcha a dhéanamh amach agus í ina suí taobh lena hathar thíos cois tine.

Mar sin, faoin am a shroich Iarla ceantar Bhaile na Creige oíche seo na diamhrachta, bhí cinnte air fós ciall a dhéanamh de na tarlúintí aisteacha a thit amach i measc shaighdiúirí Dhonncha cois locha. Ba lú fós é a thuiscint ar an imeartas a rinne an Nádúr le dorchadas agus solas a shníomh ar a chéile, mar a rinne. Ach, d'ainneoin sin uile, bhí sé de shuaimhneas intinne aige go raibh Sorcha slán sábháilte. Na smaointe sin uile ag cúrsáil trína intinn nuair a chuala sé marcaigh Dhonncha ar aon chonair leis, agus dhíbrigh sé na smaointe céanna. Mar sin a tharla é a bheith cromtha go híseal i gceartlár rafaireacht na raithní.

Díríonn sé é féin rud beag anois, sciúrdaíonn leis amach ar an gconair agus sleamhnaíonn go lúfar thar chlaí, agus isteach sa díog leis ar thaobh an tsléibhe den bhealach. Ansin gluaiseann Iarla leis go fáilí nó go sroiseann sé an áit ag ar chas na marcaigh den bhóthar le dul i dtreo na mainistreach i gCor Chomrua. Stopann sé tamall, ardaíonn na súile thar chiumhais na díge agus breathnaíonn uaidh i dtreo áitreabh na manach naofa, áit a bhfuil solas tóirsí le feiceáil ag damhsa go pramsach in aghaidh dhorchadas na hoíche. Manglam d'fhuacht na hoíche agus de fhliuchras iarsmach na raithní ag ealaín leis an allas a bhí air ar ball beag a mheabhraíonn dó go bhfuil fuaire chloiche ar a chliabhrach. A fhios ag Dia amháin cá bhfuil a chapall imithe air ag an bpointe seo agus gan de rogha ag an bhfear óg ach a bhealach a dhéanamh de shiúl na gcos. Íslíonn sé a chloigeann athuair agus gluaiseann leis go slimeach fad na díge. Tá a fhios aige go bhfuil a champa déanta ag a athair i scabhat sléibhe i nGleann an Chlaib, píosa ó dheas ar an áit a bhfuil sé anois.

3

Tá an míshuaimhneas intinne ina frídín crá i gcónaí in inchinn an Bhráthar Benignus. É píosa maith i ndiaidh mheánoíche agus an seanmhanach ina chodladh, má tá, ach gach a tharla cois locha i Loch Reasca feicthe ag a shúil inmheánach. É sin agus tuilleadh. Coinne rúnda na leannán ar an gconair chraobhach taobh thuas den loch, imeartas neamhrialta na n-eilimintí ag an Nádúr, cur ó chiall na gcapall agus gnúiseanna greadánacha na saighdiúirí – táid uile feicthe ag an seanfhear. Ach is léire ná aon cheann díobh sin in intinn an daill í tuiscint Bhenignus go bhfuil an tairngreacht le comhlíonadh. Ba siar siar in aimsir Chríost féin – an Críost céanna a bhfuil idir chroí agus anam tugtha ag Benignus dó le blianta fada anuas – a chonacthas den uair dheireanach an chailleach a deirtear a bheith ina taibhse ar cheantar Loch Reasca. Ba é tráth an fhiántais é, tráth na fíochmhaireachta, é dhá chéad bliain roimh theacht an tSlánaitheora féin, uair a ndearna na Barbaigh a mbrúidiúlacht agus a gcruálacht neamhshrianta a imirt ar na daoine lácha caoinbhéasacha a bhunaigh áitreabh dóibh féin san áit sin. Agus nuair a bhí a mbarbarthacht déanta ag na feallairí, más fíor an scéal a tháinig anuas ó shin, d'éirigh aníos as gríosach loiscneach an dó neach a bhí gránna dorcha fuafar – cailleach cholgnimhneach a thug dúshlán Shobharthan na Maitheasa, Fáidh Loch Reasca. Agus, i ndiaidh di a dúshlán a thabhairt, thréig an crabadán an láthair agus í ag fógairt ateachta.

Agus nochtadh i bhfís do Bhenignus i lár a chodlata an

oíche seo féin é, feic gránna úd an uafáis do chuir creathán i gcolainneacha na saighdiúirí agus a chuir orthu iad féin a chaitheamh go fraochta i measc na ngiolcach. Agus a dúirt an chailleach le Donncha na mBrianach, tá sé greanta go domhain doscriosta ar chuimhne an tseanfhir dhaill: 'Duairceas na Boirne atá mar ainm orm agus is den Tuatha Dé Danann mé, agus mionnaím i do láthairse go mbainfear do chloigeannsa agus cloigne mhórán díobhsiúd a sheasann ar aon taobh leat. D'ainneoin bhur mbród ar mhá an chatha, is beag díobh a thiocfaidh slán ar an ár.'

Agus le linn codlata do Bhenignus, breathnaíonn an chailleach, Duairceas, isteach go domhain i ngile shúile an mhanaigh, agus tuigtear don tseanfhear a bhfuil de mhailís ar an láthair. Aithníonn sé a hainriocht agus a gránnacht, idir chuma chaite ghairgeach a haghaidhe agus ghruaig shreangach chatach ar chosúil é le rabhaisc ghioblach. Druideann sí chuige, méara ingneacha a ciotóige ar crochadh go mioscaiseach aici agus, nuair a thagann an lámh i bhfoisceacht teagmhála d'éadan Bhenignus, preabann an manach aníos go tobann ar an leac fhuar chloiche ar a chaitheann sé a chuid oícheanta. Scairdtear solas as a shúile, lastar fallaí an chillín agus cloistear tuargaint throm na saighdiúirí ar phríomhdhoras na mainistreach. Tá íomhá na caillí díbrithe faoi seo, ach is rímhaith is eol don tseanfhear nach mbeadh ar a chumas riamh ag an té a d'fheicfeadh Duairceas cuimhne na físe a ruaigeadh as a chloigeann. Cloiseann sé scuabáil dheifreach na gcos ag manaigh an chomhluadair sa dorchla lasmuigh de dhoras an chillín, agus iad ag déanamh go dian ar dhoras na mainistreach a oscailt.

"Ná déanaigí," a bhéiceann Benignus ar ard a ghutha,

"Ná hosclaigí dóibh."

Preabann na focail rabhaidh ina macalla ó bhalla go balla taobh istigh den gcillín cúng agus, den ala sin, cloistear idir bholtaí móra miotalacha á scaoileadh agus bhíomaí téagartha an daingnithe á mbaint de chúl an dorais. Leis sin, buailtear clog na mainistreach, ag fógairt práinne, agus déanann na manaigh láithreach ar phroinnteach an tí naofa.

"A Bhráithre," arsa an tAb Nilus, é ina sheasamh ag rostram ag ceann an phroinntí, agus breathnaíonn sé an comhluadar le himní, "táimid bailithe isteach le fáilte a chur roimh shaighdiúirí Dhonncha, prionsa na mBrianach. Tá aistear dian curtha díobh acu an oíche seo."

Anois díreach a thagann Benignus isteach sa seomra mór, greim láimhe aige ar uilleann a chomrádaí, Placidus. Tá sé díreach in am chun ruball fháilte an Aba a chloisteáil.

"Ní beag mar onóir dúinn é," arsa Nilus, "go bhfuil an –" Agus, i gceartlár na habairte, déanann leifteanant na marcach an tAb a bhrú ar leataobh. Is é an saighdiúir seo a sheasann ag an rostram anois agus déanann a shúile cúnga dorcha cúrsáil de na cráifeacháin chaoine atá ina láthair. Tá cuma bhagrach ar dhuibhe an fheistis air agus caitheann an solas atá á scairdeadh ag geatairí lasta cholúin an tseomra scáthanna na himní ar aghaidheanna na manach. Tá súile an fhir dhuibh ag scinneadh leo ó dhuine go duine agus tá an uile bhall den chomhluadar faoi gheasa ag íomhá an tsolais fhrithchaithigh a dhamhsaíonn go meisciúil i gcorcracht an uchtphláta stodaithe atá á chaitheamh aige.

"Is mise Feardorcha," ar sé, "oifigeach in arm Dhonncha, Prionsa na mBrianach – na Brianaigh chéanna úd a bhronn an talamh ar a sheasann an mhainistir seo ar bhur n-ord naofa, tá breis agus aon chéad bliain ó shin. Tráth an chúitimh, a Bhráithre, mar tarlaíonn sé go bhfuil dianghá againn le húsáid agus dídean na mainistreach go ceann lá nó dhó."

Monabhar an mhíshuaimhnis á mheanmnú féin i measc na manach. Saol an uile dhuine díobh tugtha acu dá nDia glórmhar, don ghrá agus don tsíocháin dá réir. Aithníonn Feardorcha míshástacht an chomhluadair láithreach agus beartaíonn sé ar sin a chealú sula n-abhraíonn sé ina n-intinní.

"Tráth na nónta úra i ndiaidh mheánoíche, fágfaidh Donncha agus a chuid saighdiúirí a gcampa thiar cois Loch Reasca agus déanfaidh siad ar an áras seo. Lóistín dár n-oifigigh agus dár n-ainmhithe a bheidh anseo dúinn. Cuirfidh na troithigh fúthu ina gcampaí i ngairdíní na mainistreach."

Gan a dhath de chúirtéis i gcaint an tsaighdiúra. Is lú fós a ritheann sé leis go mbeadh sé de dhánacht ag duine ar bith cur ina choinne, go háirithe agus é chomh lom ina chaint is atá. Agus, d'ainneoin méadú a bheith tagtha ar an imní i meonta na manach, níl ach duine amháin ina measc a bhfuil sé de chrógacht aige fód a sheasamh.

"Is é seo tearmann Dé, a dhuine," arsa Benignus. Go séimh a deir sé sin, ach ní chailltear focal ar na héisteoirí. Scinneadh na súl arís ag Feardorcha ar chomhthionól na mbráithre. Tá cinnte air an té a labhair a aimsiú.

"Seo é Tigh Dé," a dhearbhaíonn an seanmhanach. "Ní háit í is cóir a bheith á truailliú acusan nach spéis leo ach an dtrochbheart a imirt ar an gcine daonna."

D'aon chasadh cinn amháin, shílfeá, breathnaíonn na manaigh eile ar Bhenignus. D'ainneoin a dtost, d'ainneoin a n-easpa crógachta féin, tá ríméad ar a gcroíthe go bhfuil sé de mhisneach ag duine dá gcuid an dúshlán seo a thabhairt. Ach is cúis imní do Nilus é an seasamh seo atá á dhéanamh ag Benignus, é sin amháin toisc cúram na háite agus gach a tharlaíonn ann a bheith airsean. Faoi seo, tá an dúshlánaí aimsithe ag Feardorcha agus amharcann sé i dtreo an tseanfhir. Go caolshúileach fáiscthe cúngaithe a dhíríonn sé a shúile ar an manach. Tá cliabhrach an tsaighdiúra ag at istigh faoin uchtphláta agus airíonn sé an fhuil á mearú féin ina cúrsáil trína chuislí. A leithéid de dhánacht ag díthriúch mar é cur i mo choinnese, a shíleann Feardorcha dó féin.

"Gabh i leith anseo, a Bhráthair," arsa an leifteanant.

Fáisceann Placidus lámh a chomrádaí agus tathann air faoina anáil fanacht san áit ina bhfuil sé. Ach feiceann Feardorcha seo agus beartaíonn sé gan ligean don chur ina choinne abhrú a dhéanamh air féin.

"Anseo anois, a sheanfhondúir – láithreach," arsa an saighdiúir.

"Bog réidh, a Phlacidus," arsa Benignus, agus slíocann sé lámh a chara lena chiotóg, "ní baol dom." Ansin bogann an dall go mall i dtreo an rostraim. De réir mar a thagann an manach chuige baineann Feardorcha a chlogad dá chloigeann. Sleamhnaíonn srónchrios an chlogaid dromchla na haghaidhe aníos agus nochtar srón fhada Normannach Fheardorcha – í gar do bheith chomh fada leis an srónchrios féin. Anois is léir do chách, ach Benignus féin, ar ndóigh, an cathéide máille a chlúdaíonn cloigeann Fheardorcha. Tá na mílte fáinní beaga chomh dlúthfhite sin ar a chéile ann is go dtuigfí don té a cheapfadh nach bhfuil san fheisteas céanna ach aon leathán iarainn. Agus an seanfhear fós ar a bhealach chuige, déanann Feardorcha dorn dá dheasóg taobh istigh den láimhín máille atá air, ansin brúnn isteach i mbos na ciotóige í. Seasann Benignus os a chomhair amach anois agus an tséimhe á húscadh as an bhfear naofa.

"Céard é sin a dúirt tú ó chianaibhín, a dhuine?" arsa Feardorcha. Gan aon rian de 'bhráthair' ar a chaint an babhta seo, agus is léir do chách a bhfuil de mhasla i gceist leis sin. Is léir do Bhenignus féin thar dhuine ar bith eile é. Miongháire caoin ar bhéal an mhanaigh agus maolaítear ar ghéire sholas na dtóirsí i mbáine na súl air.

"A Fheardorcha, a chara," arsa Benignus, "níl fúm ach a mheabhrú duit gur teach é seo a tógadh in onó–" Agus gan aon choinne ag an seanfhear leis, déanann an t-oifigeach a dheasóg a tharraingt go foiréigneach ar éadan an mhanaigh agus síntear ar an talamh é. Cúlaíonn formhór na mbráithre de gheit agus, den ala sin, deifríonn cuid de na saighdiúirí eile ar aghaidh agus déanann líne chosanta idir iad féin agus Feardorcha.

"Cuir gad ar do theanga, a mhanaigh," a radann an leifteanant leis an seanfhear, agus é ar a dhícheall é féin a ardú den talamh. Leis sin, tagann an t-oifigeach chuige athuair agus satlaíonn le lán a nirt anuas ar lámh Bhenignus. Cluintear meilt na gcnámh in aghaidh a chéile i lámh an tseanfhondúra agus cúbann na bráithre eile ar a chloisteáil sin dóibh.

"In ainm dílis Dé," arsa an tAb Nilus, agus é ag gluaiseacht i dtreo an tsaighdiúra, "ní haon dr–", agus cuirtear stop go tobann lena bhfuil de chasaoid aige nuair a theagmhann ciotóg Fheardorcha lena aghaidhsean chomh maith, agus daortar an tAb chun an urláir.

"Dún, a dúirt mé," arsa Feardorcha.

Casann an leifteanant a aghaidh i dtreo Bhenignus fós eile. Tá an seanmhanach ag póirseáil go héidreorach ar an talamh, agus gan a fhios aige cé acu is fearr aird a thabhairt ar a leiceann fuilteach nó ar a leathlámh bhrúite. Druideann an saighdiúir leis go tapa agus tá sé díreach ar tí cic a tharraingt ar an bhfear bocht nuair a chasann Benignus a éadan ina threo. Eisítear gile as súile an tseanfhir, ar báine í ná an rud is báine riamh, agus lastar aghaidh Fheardorcha faoin mbratsholas. Tagann reo na pairilíse ar ghluaiseacht Fheardorcha ar feadh roinnt soicindí, ansin cúlaíonn an ghile dá éadan athuair agus dingtear an solas ar ais arís ar chúl shúile an mhanaigh.

Is léir Feardorcha a bheith croite go dona. Níl sé in ann ag cumhacht seo an tseanfhir, cibé atá ann. Ní thig leis bun ná barr a dhéanamh de. Is léir ar aghaidheanna na saighdiúirí eile nach féidir leosan aon chiall a dhéanamh den tarlúint ach an oiread. Na manaigh féin amháin a thuigeann a bhfuil tarlaithe. Is maith is eol dóibh mar a theagmhann an Uilechumhacht d'anam Bhenignus, díreach mar is eol dóibh bua na fáistine atá ag a gcomhbhráthair a bheith ina bheannacht agus ina mhallacht ag an am céanna. Cúlaíonn Feardorcha. Tá sé ar a dhícheall ciall a dhéanamh den méid atá tarlaithe dó. É taobh leis an rostram arís eile agus súil fhiata fhaiteach aige leis an tseanóir, nuair a thugann sé rud níos aisti fós faoi deara faoi Bhenignus: ní hé amháin nach bhfuil oiread agus rian den ghoin a gearradh ar leiceann an tseanfhir le feiceáil anois air, ach is ríléir nach bhfuil a dhath ar chor ar bith ar sceabha leis an leathlámh a ndearna Feardorcha satailt uirthi. Cúbann an t-oifigeach siar ón seanduine.

"Beirigí amach dtí diabhail uaim é," ar sé, "agus cuirigí faoi ghlas ina chillín é." Ní túisce ráite aige é nó déanann ceathrar de na saighdiúirí Benignus a scuabadh as an bproinnteach.

"Tá áit chodlata de dhíth orainne, a Ab," arsa Feardorcha, agus tá sé le aithint ar a ghlór gur lú i bhfad é a fhéinmhuinín ná mar a bhí ó chianaibh. Báine cailce san éadan air anois agus d'ainneoin, ar bhealach amháin, go bhféadfaí a cheapadh go bhfuair sé an lámh in uachtar ar Bhenignus ar deireadh, tá sé fós gan mhaith i ndiaidh na heachtra. Sméideann Nilus go cúirtéiseach le Feardorcha, é i mbarr a chuimhne ag an Ab i gcónaí go gcaithfidh sé tús áite a thabhairt do shábháilteacht an chomhluadair a bhfuil sé mar cheannaire air.

"Réiteofar sin daoibh láithreach, a Fheardorcha," arsa Nilus.

Is ró-mhaith é cur amach na manach ar an gcomhcheilg idir mhuintir Rua Uí Bhriain agus an tiarna Normannach de Clare, agus tá siad chomh heolasach céanna ar an bhfeallaireacht atá déanta acusan in aghaidh na leithe eile de chlann Thoirdhealaigh – an taobh sin lena mbaineann Iarla Ó Briain agus a athair, Diarmuid. Is mór é fearg mhórchuid de na manaigh leis an Ab go bhfuil sé toilteanach dídean agus foscadh a thabhairt d'fhórsaí Dhonncha, ach tá roinnt eile ina measc a thuigeann do chruachás Nilus. Seans gurb é is íoróine ar fad ná gurb é an seanfhear dall an t-aon duine den chomhluadar a bhfuil sé de chalmacht aige seasamh go glórach in aghaidh an fhill.

D'ainneoin é a bheith díbrithe chun a chillín, seoltar gach aon fhocal de chaint Fheardorcha sa phroinnteach ar aer glé na hoíche go cluasa Bhenignus. Tá intinn an mhanaigh trombhuartha. Is léire ná riamh anois dó é go leor den anachain atá le teacht. Nithe a bhaineann le hIarla, mac Dhiarmada, agus lena leannán, Sorcha, chun a chuimhne chuige; nithe a bhaineann le gabháil na mainistreach ag fórsaí Dhonncha. Ach is measa ná aon cheann díobh sin uile fís an scriosta atá tagtha chuige. Dúnann sé a shúile go docht teann, amhail is gur féidir an fháistine a dhíbirt leis an ngníomh fánach sin, agus tá a fhios ag an seanfhear gur beag ar fad de chodladh na hoíche a chuirfidh sé de féin an oíche seo.

4

Corraíonn na capaill go míshuaimhneach sa bhanrach ar imeall champa Dhiarmaid Uí Bhriain i nGleann an Chlaib. Tá bior ar chluasa na n-ainmhithe le roinnt nóiméad anuas agus iad ag tabhairt aire ar shiosarnach na nduilleog i measc na gcrann coll ar an taobh ó thuaidh den champa. Is géire í a n-éisteacht ná cluinstin an stócaigh atá mar choimeádaí orthu, cé go n-aithníonn sé féin an mhíshocracht i measc na n-each ag an bpointe seo. É trí bliana déag, seans, nó más sine ná sin é, ní mórán é. É gliondrach gur chuir Diarmaid i bhfeighil na gcapall é, ach é neirbhíseach leis. An doircheacht agus gach nach bhfeiceann sé dá barr a chuireann leis an neirbhíseacht ann. Bogann sé amach i measc na n-ainmhithe, an dá shúil air ag seasamh amach ar a cheann agus na crainn choll á n-amharc aige. Gan le feiceáil aige ach cúil airgid na nduilleog faoi sholas na gealaí agus iad á gclaonadh féin go meisciúil faoin séideán leoithneach.

"Ná bog, ná labhair, ná scréach," a chloiseann sé de bheart focal á radadh leis, agus den ala sin airíonn sé lámh á fáisceadh thart ar a mhuineál. Mothaíonn sé bior miodóige lena leiceann agus tá cathú láithreach air scréach a ligean, ach go dteipeann a ghlór air. Airíonn sé súile a chinn ag brú amach thar chiumhais na logall air agus tá a chosa i mbaol chúbadh faoi. Agus, leis sin, braitheann sé go bhfuil an greim ar a mhuineál á scaoileadh agus castar thart de sclóin é nó go bhfeiceann sé cé atá ann.

"A Iarla!" ar sé, agus cúlaíonn na súile siar sna logaill

athuair, agus is beag nach dtiteann sé i laige le méid an fhaoisimh a airíonn sé. Agus pléascann mac Dhiarmada amach ag gáire.

"A Fhionnáin, 'Fhionnáin, 'Fhionnáin, a mhac," arsa Iarla, agus é ar a dhícheall srian a chur leis an ngáire atá air. "Tá mé amuigh ansin ag déanamh torainn le cúig nóiméad anuas agus mé ag déanamh iontais de nár spéis leat an tormán go dtí seo."

Tá Fionnán ag teacht chuige féin faoi seo agus níl a fhios aige an mó é an fhearg a bhraitheann sé istigh ná an faoiseamh. Ach sáraíonn an tuiscint go bhfuil sé beo slán i gcónaí gach smaoineamh eile ina cheann. Pléascann an gáire air féin anois chomh maith.

"Togha fir tú féin, a Fhionnáin," arsa Iarla, agus croitheann sé go misniúil é, agus is léir anois don taoiseach óg go bhfuil gach rian den neirbhíseacht curtha de ag a dhuine muinteartha. "Níl a dhath amuigh ansin an tráth seo den oíche, a chara liom, agus ní bheidh gíog ná míog le cloisteáil nó go mbristear an campa seo ar maidin agus go ndéanfaimid ar Chor Chomrua."

Is d'aon ghnó a deireann Iarla seo leis an ngasúr, mar is leasc leis é a fhágáil faoi imní ar feadh na hoíche. Go deimhin, nuair a chuimhníonn sé air, níorbh é ba chiallmhaire ar chor ar bith teacht aniar aduaidh ar an stócach, mar a rinne. B'fhearr gan rud ar bith a rá le Fionnán faoi mharcaigh Dhonncha a fheiceáil i gceantar Bhaile na Creige níos luaithe san oíche, síleann Iarla.

"Féachfaidh mé chuige go mbéarfar babhla bracháin chugat ar ball beag," arsa Iarla, agus tosaíonn sé ar bhogadh i dtreo an chomhluadair.

"Ba dheas sin, a Iarla, agus ní beag í an fháilte a

chuirfinn roimhe," arsa an leaid óg, agus cuimlíonn sé a
dhá lámh go fraochta ar a chéile, ansin séideann teas anála
orthu. Leanann Iarla air i dtreo an champa agus imíonn as
radharc ar Fhionnán i measc na gcoll.

Níl Iarla baileach as na sceacha féin nuair a chloiseann
sé glór a athar agus straitéis chatha an lae amáraigh á plé
aige lena oifigigh. Stopann Diarmaid dá chaint agus
seasann nuair a fheiceann sé a mhac chuige. Agus casann
na hoifigigh, féachaint cé hé atá chucu.

"A Iarla, a mhic," arsa Diarmaid, agus beireann siad
beirt barróg ar a chéile. Leis sin, leagann an t-athair lámh ar
ghualainn a mhic agus treoraíonn i dtreo na tine é. "Buail
fút cois tine, a bhuachaill. Tá an t-aistear go Cor Chomrua
á phlé againn. Aon scéala aduaidh agat dúinn?"

Iarla san airdeall láithreach. B'fhearr gan a dhath a rá os
comhair na n-oifigeach faoina bhfuil feicthe aige, síleann
sé. Labhróidh sé lena athair ar ball i ndiaidh don chuid eile
imeacht siar a chodladh. Is ciallmhaire mar sin é, measann
sé, agus ní bheidh aon chosc air san insint ar an dóigh sin.

Leantar de phlé straitéise go ceann píosa fós. Is beag
duine sa chomhluadar nach bhfuil ceangal fola aige leis na
Brianaigh. Dílseacht chlainne is bunús len iad a bheith tagtha
as an uile chearn de Thuadhmhumhan. Tá de mhuintir
Dhálaigh agus Mhic Con Mara agus Mhic Fhlanncha ina
measc, gan trácht ar mhórán eile nach iad. Is iomaí duine
díobh a sheas le Diarmaid cheana agus, díobhsiúd nach
ndearna, táid níos óige ná an chuid eile, ach béarfaidh siad
ainmneacha agus traidisiúin a gclanna isteach sa chath leo,
ach an oiread lena gcomhghuallaithe. Agus, nuair atá a
chúrsa rite ag an gcaint, bailíonn siad leo siar a chodladh
agus gan a fhios acu ó Dhia cé méid díobh a mbeidh anáil

na beatha iontu taca an ama chéanna lá arna mhárach.

Suíonn Diarmaid agus Iarla ar aghaidh a chéile cois tine, maide draighin leathshnoite ina dheasóg ag an athair agus an bloc mór adhmaid atá faoin bpota bracháin á ghobadh aige leis. Tugann an mac aird soicind nó dhó ar scáth bhladhmanna na tine agus iad ag ealaín go diamhrach le cuasa aghaidh a athar.

"Bhuel, a Iarla, conas mar atá ó thuaidh?" arsa Diarmaid, agus coinníonn sé a shúile dírithe ar na lasracha preabarnacha.

"Tá siad ag réiteach faoin ár gcoinne. Tá meitheal de mharcaigh Dhonncha sa mhainistir cheana féin agus iad faoi cheannasaíocht Fheardorcha."

"Feardorcha, ambaist! Luíonn sé le réasún go mbeadh a ladhar aige sa ghnó. Lear mór talún geallta ag Donncha dó i ndiaidh an chatha, ní foláir," arsa Diarmaid, agus is láidre anois mar a phriocann sé an t-adhmad leis an maide ná mar a rinne cheana. "É sa nádúr ag an mac céanna gan an deis ná an leathdheis féin a chailliúint."

Iarla ina thost tamaillín. Aithníonn sé rian na himní ar éadan a athar agus tuigeann sé gur lú ná sásta atá sé go mbeidh air aghaidh a thabhairt ar leithéidí Feardorcha san iarracht.

"Marcaigh, a deir tú, a Iarla! Cé méid díobh atá ann?"

"Scór go leith – dhá scór ar a mhéid, déarfainn."

"Mmm! Gan ann ach slua tosaigh, más ea. Iad curtha ar aghaidh chun úsáid na mainistreach a dheimhniú d'arm Dhonncha."

"Ach," arsa Iarla, "ní fhéadfadh sé go gceadódh na manaigh a leithéid."

"Ba dheas é dá mb'fhíor sin, a mhic liom, ach shamhlóinn

nach mbeadh sé de rogha ag Ab Nilus ach an áit a leathadh rompu. É sin nó an chríoch chéanna a tharraingt air féin agus a chuid bráithre agus a bheidh roimh go leor dár gcomhluadar féin, seans, faoin am a rachaidh an ghrian faoi tráthnóna amárach."

Tost fós eile ach, an babhta seo, cuireann an mhíshocracht atá cloiste aige ar ghlór Dhiarmada as dá mhac. Agus is rímhaith a thuigeann Iarla nach bhfuil a dhath inste aige fós faoina bhfaca sé de tharlúintí diamhra ar bhruacha Loch Reasca. Go deimhin, dá labhródh sé orthu sin, cén chaoi a mhíneodh sé céard a thug ann é, i ndáiríre. Ar bhonn ar bith, ní cheapfaí seo a bheith ina am tráth cuí le hinsint dá athair faoin gcaidreamh idir é agus Sorcha, agus Diarmaid féin ar tí dul chun troda lena muintir. A fhios ag Dia féin conas mar a ghlacfadh Diarmaid leis sin mar scéala. Ach, d'ainneoin sin, tá a fhios ag Iarla go bhfuil dualgas air a bhfuil feicthe aige a insint dá athair. Is maith mar a thuigeann sé go bhféadfadh sé go gcaillfí go leor dá fhir mhuinteartha lá arna mhárach agus, má tá rud ar bith ar a eolas aige a laghdódh ar an ár, gur cóir dó sin a insint do Dhiarmaid.

"Bhí mé i gceantar Mhuc Inis ar m'aistear dom," arsa Iarla, go cáiréiseach, "agus as sin ó dheas go ceantar Loch Reasca."

"Muc Inis agus Loch Reasca, a deir tú! Agus céard é, ó thalamh an domhain, a thug sna ceantair sin tú?" Nár bhreá le hIarla an fhírinne a insint, ach tá a fhios aige nach féidir é.

"Ar cuairt ar mhuintir Uí Dhonnchadha Rua i gCill Eochaille a bhí mé," arsa Iarla. Agus, go deimhin, b'fhíor dó é, mar thug sé cuairt ghairid ar a ghaolta le linn dó a bheith sna ceantair mháguaird. Ach, ar ndóigh, ba bheag sin le hais an phríomhghnó a thug sa dúiche sin é.

"Bhuel, a bhuachaill, nach í do mháthair a bheidh sásta leat. Níl stop uirthi riamh ach a bheith ag caint ar na garghaolta céanna. Cén chuma atá ar an seanfhear?"

"É lag, faraor. Gar don bhás, déarfainn. Is cinnte nach mbeidh sé ar mhá an chatha linn an babhta seo, ar aon chaoi."

Diarmaid tostach ar a chloisteáil sin dó. A fhios aige a mhinice cheana a sheas an seanfhear céanna leis san ár, ach gur laoch ar lár a bheidh ann an uair seo. Iarla fós ag ealaín le smaointe na rúndachta nuair a labhrann Diarmaid athuair.

"Lán an locha d'uisce ann tráth seo na gealaí, is dócha?"

Aniar aduaidh a thagann an cheist ar Iarla. An é go dtuigeann Diarmaid an rún atá á iompar ina chloigeann ag an ógfhear, a fhiafraíonn an mac de féin. Ach, leis sin, ritheann sé leis gur seans dlisteanach é seo chun a bhfuil feicthe aige a insint dá athair gan tagairt dá laghad a dhéanamh do Shorcha.

"Sea, go deimhin, tá," arsa Iarla. "É ag cur thar bhruach, i ndáiríre."

Breathnaíonn Diarmaid an ghealach go hard sa spéir.

"Ar ndóigh, sin mar a bhíonn am an rabharta." É ina chiúin arís agus ciotaíl Iarla ag fás air féin toisc a fhios a bheith aige go gcaithfidh sé scéal na dtarlúintí aisteacha a insint luath nó mall.

"Is ann atá a gcampa déanta ag Donncha agus a shaighdiúirí thar oíche," arsa Iarla.

"Sea, a fhios sin agam, a mhic. Luaigh scabhtaí Mhic Con Mara liom ar ball go bhfaca siad a gcampa agus a dtinte thíos cois locha agus iad féin ar a mbealach ar an gconair ard ar thaobh na farraige den cheantar."

Siar eile fós bainte as Iarla ar a chloisteáil seo dó. É ina intinn aige go bhféadfadh sé féin an méid sin a insint dá athair mar thús ar an gcuid eile dá scéal a chur in iúl dó.

"Agus mé féin ar an talamh ard ar thaobh eile an locha, an bhfuil a fhios agat," arsa Iarla, "tharla rud aisteach."

"Aisteach, a deir tú, a mhic! Cén chaoi aisteach?"

"Bhuel, aisteach sa dóigh, nóiméad amháin, go raibh an oíche ina ciúin agus an spéir glé glan gan scamall. Ansin, de chasadh boise, dhruid brat an dorchadais é féin trasna ar an uile ní, idir ghealach agus réaltaí, agus rinneadh rabhláil rabhartach toirmiúil san uile chearn mórthimpeall."

Agus Diarmaid ag éisteacht le hinsint a mhic, feictear doircheacht ag líonadh línte a éadain. Cuireann sé roic ina mhalaí agus díríonn a shúile go dlúth ar Iarla.

"Agus leis sin," arsa Iarla, "as duibheagán na doircheachta, tháinig solas spleodrach spléachach, amhail is nár den domhan seo ar chor ar bith é, agus leath an tsoilseacht í féin ar shaighdiúirí Dhonncha. Níor léir ionsaitheoirí de chineál ar bith a bheith ann ach, d'ainneoin sin, bhí éadain na saighdiúirí fuilteach dearg agus líon an scéin a súile." Stopann Iarla dá chaint.

"Sea, céard eile? Coinnigh ort, coinnigh ort," arsa an t-athair.

Ceadaíonn Iarla seal anála don tost. Go dtí seo, is beag deis a bhí ag an ógfhear féin smaoineamh a dhéanamh ar a bhfaca sé níos luaithe san oíche agus is de réir mar a insíonn sé dul na n-eachtraí go dtuigeann sé chomh haisteach agus atá, i ndáiríre.

"Thug na saighdiúirí do na bonnaibh é agus chaith iad

féin ceann ar aghaidh isteach in uisce modartha an locha. Agus nuair a bhreathnaigh muid i dtre–"

"Muid, a deir tú! Ní raibh tú i d'aonar, más ea?"

"I m'aonar?" arsa Iarla, agus siar bainte as toisc go mb'fhéidir go raibh a rún leathsceite aige.

"Ní leat féin a bhí tú, a mhic?"

"Liom féin! Bhuel, ar ndóigh, ní raibh. Bhí mo chapall liom. Sea, ar mhuin chapaill a thaisteal mé an chonair idir Chill Eochaille agus Loch Reasca." Agus, d'ainneoin na mionbhréige, airíonn Iarla sásamh éigin ann féin go bhfuil sé de theacht aniar aige smaoineamh ar a leithéid a rá.

"Lean ort, a dhiabhail, lean ort. Céard a tharla ansin, más ea?"

"Bhuel, nach aisteach é, ach chiúnaigh an uile ní athuair agus, chun an fhírinne a rá, bhí sé amhail is nár tharla a dhath dá raibh feicthe agam ar chor ar bith."

Suíonn Diarmaid go ciúin smaointeach tamaillín, súile a chinn dírithe arís aige ar an mbloc mór adhmaid atá á dhó sa tine i gcónaí. Agus breathnaíonn Iarla ar an athair agus feiceann buíocht na lasracha ag damhsa i mic imrisc shúile an tseanóra.

"Is í an tairngreacht atá ann," arsa Diarmaid. "Sean-tairngreacht Shobharthan agus iadsan roimpi a bhronn bua na físe uirthi. Réaladh na tairngreachta atá ann." Agus ní chailltear rian an drochthuair i gcaint Dhiarmada ar Iarla.

"Cén chaoi tairngreacht? Agus Sobharthan! Cé hí Sobharthan?"

Ardaíonn Diarmaid an maide draighin a bhfuil sé ag priocadh na tine leis i gcónaí. Is léir air go bhfuil a mhachnamh á dhéanamh aige roimh labhairt dó. Druideann sé an maide chuige rud beag agus baineann sliseog den rúsc scaoilte de go fánach, ansin breathnaíonn idir an dá shúil ar a mhac.

"Is seanscéal fada casta é, agus chuile sheans ann nach bhfuil rian den fhírinne leis. Ach mhair sé teist na mblianta mar scéal agus tig leat a bheith cinnte de gur cuireadh leis rud beag i ngach aon insint, sa chaoi gur beag, b'fhéidir, den bhunscéal atá ann ag an bpointe seo." Stopann Diarmaid dá chaint agus ní léir d'Iarla go bhfuil an t-athair chun níos mó ná sin a rá.

"Agus?"

"Cén chaoi 'agus'?" arsa Diarmaid.

"An chuid eile den scéal! Nach bhfuil tú chun é a neosadh dom?"

"Och, ní mé an féidir liom cuimhneamh air i gceart, tá sé chomh fada sin siar anois ó chuala mé féin é."

Breathnaíonn Iarla go leathansúileach ar a athair, díreach mar a dhéanadh sé nuair ba pháiste é, uair a léadh sé croí Dhiarmada leis na súile céanna. Agus briseann miongháire ar bhéal an athar.

"Stop, a dhiabhail. Dóthain de sin anois agat," arsa Diarmaid. Ach is léir síol an ghéillte ar chaint an athar.

"Más é do thoil é?" arsa Iarla, agus gothaí páiste á gcur aige ar a ghlór.

Briseann miongháire Dhiarmada ina gháire ceart. "Maith go leor, maith go leor," ar sé, amhail is gur cruatan éigin air é géilleadh do thoil a mhic, mar dhea. Leagann Diarmaid an maide uaidh, suíonn siar soicind nó dhó agus a chuid smaointe á gcur in ord ceart aige, ansin cromann ar aghaidh arís.

"Roimh aimsir Chríost a tharla sé. Go deimhin, más fíor gach a deirtear, bhí sé dhá chéad bliain roimh theacht an tSlánaitheora. Clann Nordach a tháinig agus a chuir fúthu i gceantar Loch Reasca. Fiú, roimh theacht dóibh ann, dúradh faoin áit go raibh gach a bhí i gceantar an locha faoi néalbhrat ag spiorad taibhsiúil caillí. In imeacht ama, phós Emlik – ceannaire na clainne Nordaí – ar Orla, duine dúchasach a raibh garghaol aici leis an gceannaire Ceilteach, Cneasán. Rugadh mac agus beirt iníon do Emlik agus Orla agus ba í Sobharthan duine de na hiníonacha sin. Páiste í a raibh idir bheannacht agus chrá ina saol aici mar gur bronnadh ualach bhua na tairngreachta ar an gcréatúr. Agus ba den Maitheas go smior smeara í Sobharthan, agus, más fíor focal ar bith den méid a deirtear, is é a bhí i ndán di ná an cath síoraí a throid ar son na Maitheasa in aghaidh Oilc na Caillí, a rinne doircheacht a leathadh ar Loch Reasca."

Mionsciotaíl gháire Iarla a chuireann ar Dhiarmaid stopadh den insint soicind. "Go díreach é, a Iarla," arsa an t-athair. "Rith sé liom i gcónaí, ón uair ba pháiste mé, go deimhin, gur scéal áiféiseach é, ach caithfidh mé a rá gur chuir na seanfhondúirí an-suntas ann."

"Agus céard a ghabh de Shobharthan, más ea?" arsa Iarla. "An é go bhfuil an cath in aghaidh an Oilc á throid i gcónaí aici, pé áit a bhfuil sí ag an bpointe seo?"

"Bhuel, is é sin go díreach atá suimiúil faoin méid atá feicthe agatsa an oíche seo féin, a mhic liom."

"Cen chaoi sin?"

"Bhuel, dúradh i gcónaí faoin am sin na blianta fada siar, gur tharla troid rífhíochmhar i gceantar Loch Reasca agus gur maraíodh an uile dhuine ar an láthair, agus ina dhiaidh sin arís, gur oscail an talamh é féin agus gur slogadh gach a bhí ar an ndromchla isteach san ionathar agus dhún arís."

Súile Iarla ar leathadh le hiontas agus é ag éisteacht le hinsint seo an athar. "Gach uile dhuine?" arsa Iarla.

"Mo dhearmad, a mhic, mo dhearmad. Gach uile dhuine ach amháin an Chailleach agus Sobharthan. Mar, tá sé ráite san fháistine nach féidir Olc ná Maith a chealú agus go ndéanfaidh siad aghaidh a thabhairt ar a chéile arís amach anseo."

"Agus sin í an tairgreacht, más ea?" arsa Iarla.

"Sin cuid de, agus sin é go díreach is ábhar buartha dom faoin méid a d'inis tú dom, a Iarla, mar, ag an am a rinneadh scrios ar chlann Emlik, fógraíodh go mbeadh a thuilleadh scriosta le teacht amach anseo."

"A thuilleadh scriosta?"

"Sea. Tairngríodh ag an am sin go dtabharfadh col ceathracha aghaidh ar a chéile ar mhá an áir gar do mhainistir naofa ar shleasa Boirne agus go ndéanfadh ceann den dá arm campa cois locha i Loch Reasca ar an mbealach chun an chatha dóibh. Dúradh leis go bhfeicfí Duairceas, An Chailleach Bhoirne, agus go mbeadh an t-ateacht sin ina chomhartha go ndéanfaí ár ar scála nach bhfacthas ar thalamh ón uair a rinneadh slad ar Emlik agus a mhuintir."

Tá leathchathú ar Iarla gáire a dhéanamh leis seo ach cealaítear an fonn sin air nuair a fheiceann sé an dáiríreacht in aghaidh Dhiarmada.

"An é atá á rá agat gurb é atá feicthe agamsa cois locha anocht ná an –"

"Cá bhfios céard é," arsa Diarmaid, "cá bhfios! Go deimhin, níl aon chinnteacht ann, fiú, go raibh cailleach ar bith ann an chéad lá riamh. Tá a fhios ag Dia nach ngabhfadh aon chailleach ar spéis léi teas a choinneáil ina cnámha i bhfoisceacht scread asail de thaise an locha chéanna."

Is bealach é an ráiteas seo ag Diarmaid ar ghoimh na míshocrachta a bhaint as a bhfuil ráite aige go dtí seo. Agus éiríonn leis miongháire a ardú ar éadan Iarla.

"Go deimhin, a mhic, níl ann ach comhrá caillí, mar is nós leis na Sacsain cur síos ar a leithéid." Ansin déanann siad beirt gáire faoi chomthimpiste na bhfocal atá ráite ag Diarmaid, agus is leor sin chun dlisteanachas na hinsinte a chur ar neamhní. "Seo thú, a bhuachaill, siar a chodladh leat. Beidh chuile thráithnín fuinnimh uait ar theacht na maidine," arsa Diarmaid, agus croitheann sé gualainn a mhic, ansin brúnn ar a bhealach é.

Casann Diarmaid ar ais i dtreo na tine, baineann an pota bracháin den trasnán miotalach a bhfuil sé crochta air fad na hoíche agus fágann ar leataobh é. Ansin beireann sé ar bhuicéad agus caitheann a bhfuil d'uisce ann go rábach ar an tine. Oibríonn sé a chos ar an smionagar agus scagann an ghríosach bheo agus an chuid sin den tine atá lán-mhúchta cheana féin óna chéile. Leis sin, tugann sé féin aghaidh ar leaba na hoíche.

Luíonn Iarla go righin ar chlár a dhroma agus breathnaíonn uaidh ar fhirmimint na spéire. Sorcha is túisce a thagann chun a chuimhne. Is ábhar compoird dó mar smaoineamh é go mb'fhéidir go mbeidh cuing an phósta eatarthu taobh istigh de bhliain. Ritheann sé leis go mba dheas é, áfach, dá bhféadfaí bealach réitigh a aimsiú ar an easaontas idir a n-aithreacha roimhe sin. Ansin tosaíonn cuimhní na hoíche ag sruthlú chuige, idir imeachtaí cois locha agus aistear drochthuarach Fheardorcha agus na marcach chun na mainistreach i gCor Chomrua. Agus, in áit na gcuimhní sin anois, leathann miongháire ar a bhéal nuair a smaoiníonn sé ar an siar a bhain sé as Fionnán bocht ar ball. Leis sin, preabann sé aníos caoldíreach. Cén diabhal atá air ar chor ar bith go ndearna sé dearmad glan ar an mbabhla bracháin a bhreith go Fionnán, mar a gheall sé go ndéanfadh? De dheifir a aimsíonn sé a thuineach agus déanann sé de rúid ar láthair na tine.

Gan roimhe nuair a shroiseann Iarla croí an champa ach luaithreach scaipthe na tine. Corr-aibhleog dhearg anseo agus ansiúd, áit nár éirigh leis an doirteadh uisce í a mhúchadh i gceart. Ach is leor é solas na gealaí le go n-aimse sé an pota mór dubh a chuir Diarmaid ar leataobh ar ball beag. Ardaíonn sé liach an anraith aníos as bolg an phota agus doirteann a bhfuil ann isteach i mbabhla. Caithfidh go bhfuil Fionnán préachta dá uireasa, síleann sé. Ach tá an brachán breá teolaí i gcónaí, d'ainneoin an pota a bheith bainte den teas le tamaillín. Déanann sé mám dá lámha timpeall ar an mbabhla agus téann i measc na sceach.

"A Fhionnáin, a Fhionnáin," ar sé go híseal, agus é i lár na gcoll – é ag fógairt a theachta an uair seo le nach scanróidh sé an stócach den dara huair. Gan oiread agus smid de fhreagra ón bhfear óg. É ina chodladh cheana féin, is dócha, agus cén fáth nach mbeadh? Níl a dhath chun tarlú sa dúiche seo roimh maidin, síleann Iarla. "A Fhionnáin," arsa Iarla, é á thriáil den uair dheireanach, ach is é an ciúnas céanna atá mar fhreagra air is a bhí ann cheana. É crosta leis féin gur lig sé an gheallúint a thug sé don ógfhear i ndearmad. Beartaíonn sé filleadh ar an gcampa ach, ar chasadh dó, baintear barrthuisle as ag rúta sa chasarnach, faoi mar a shíleann sé. An babhla bracháin imithe roimhe go silteach agus é ag titim. "Scread mhaidine air," ar sé.

Éiríonn sé den talamh, ansin cromann athuair chun an babhla a ardú. Leis sin, titeann a shúil ar rud geal atá leathchlúdaithe ag an scriobarnach faoi bhun na gcoll. Crapann sé ar a ghogaide agus feiceann láithreach gur lámh é atá ag gobadh amach ón gcasarnach is cúis leis an tuisle a bhaint as. Leanann sé an lámh go gualainn agus tuigeann gan mhoill gur duine daonna atá ann. Déanann sé an corp a tharraingt amach faoi sholas na gealaí agus aithníonn ar an bpointe cé atá ann.

"A Fhionnáin, a Fhionnáin, a bhuachaill," ar sé, agus meascán den phráinn agus den sceimhle ar a ghlór. Cromann sé os cionn an chorpáin fós agus feiceann anois go bhfuil rinn saighde neadaithe go domhain in uisinn an stócaigh. Leathnaíonn súile Iarla le teann iontais agus tuigeann sé láithreach nach féidir rud ar bith a dhéanamh chun cuidiú lena fhear muinteartha ag an bpointe seo. Na capaill a thagann de bhladhm chuimhne chuig Iarla ansin, agus bogann sé go deifreach ón gcorpán agus déanann ar an mbanrach a réitíodh dóibh. Iad imithe. An uile each díobh imithe, agus Diarmaid agus a chuid ar tí aghaidh a thabhairt ar a naimhde. Drochthuar, gan aon agó, síleann Iarla.

"A fheara," a scréachann sé ar ard a ghutha.

5

"Ach, le do mhíle thoil, níl ann ach seanfhear dall. Ní rai–"

"Is cuma liom é a bheith bodhar, balbh nó dall, tóg as an gcillín é láithreach. Tá áit chodlata de dhíth ormsa, a dhuine."

"Ach, a Fheardorcha, a dhuine uasail, tá sé –"

"Tóg as anois é, a dúirt mé. Nó an é go gceapann tú go ndéanfaidh mise codladh amuigh faoi bhrat na réaltaí agus cath mór romham?" Agus leis sin, brúnn Feardoracha an tAb Nilus ar leataobh agus cuireann gualainn le doras chillín Bhenignus. Seolann láidreacht na hiarrachta an saighdiúir isteach i gceartlár an chillín. De ghluaiseacht scuabach, síneann sé an tóirse uaidh ach ní léir dó Benignus a bheith ann.

"A mhanaigh," a bhéiceann an leifteanant.

"A Fheardorcha," a chloistear de ghlór fann áit éigin taobh thiar den tsaighdiúir.

Casann an cuairteoir de gheit ar chloisteáil a ainm dó, ansin síneann an tóirse amach go bagrach uaidh athuair.

"Amach leat go beo, a mhanaigh, le go ndéa–"

Ach stopann Feadorcha dá chaint a luaithe agus a fheiceann sé súile soilseacha an Bhráthar Benignus. Is gile ná geal iad na súile céanna, iad níos báine ná an rud is báine dá bhfaca Feardorcha riamh; níos báine, fiú, ná éadan tráite an tseanfhir in aghaidh léithe na mballaí aolchloiche. Feardorcha ina staic ar an spota, ach ansin tugann sé áladh faoin manach agus iarracht uaidh ar an mbogshifín lasta a radadh isteach in éadan an fhir naofa. De luas mearbhlach

40

a chlaonann Benignus a chloigeann, beireann greim deasóige ar cheann an tóirse agus tarraingíonn an saighdiúir chuige. Is beag nach dteagmhann a ndá srón dá chéile.

"Tá rud éigin de dhíth ort, a Fheardorcha, an bhfuil?" arsa Benignus, agus cuireann gile na súl dall lagsprid ar an gcuairteoir.

Titeann mirlíní allais de bharr shrón Fheardorcha agus níl a fhios aige an ann nó as dó i láthair an tseanfhir. É sínte le hiontas go bhfuil sé de neart sa mhanach séimh é a tharraingt chuige ar an dóigh seo. Súile an tsaighdiúra ag babhtáil go faiteach idir éadan Bhenignus agus lámh an tseanfhondúra, atá i ngreim leis an mbogshifín i gcónaí. Na lasracha buíthe á sníomh féin trí mhéara an mhanaigh agus an lámh féin ina foirnéis. Ach, cén chaoi ó Dhia nach bhfuil Benignus ag cúbadh faoin bpian, a fhiafraíonn Feardorcha de féin. Ach faoi seo, tá a chosa faoi ag an Ab Nilus athuair agus tagann sé isteach sa chillín agus é mar aidhm aige an seanbhráthair a chosaint ar an dochar.

"Le do thoil, a Fheardorcha, le do mhíle th–"

I bhfaiteadh na súl, sciobann Feardorcha an bogshifín as deasóg Bhenignus len é a radadh isteach in aghaidh an Aba. Ach is tapúla fós é an dall ná é. "Ná déan," arsa Benignus go húdarásach, agus casann Feardorcha ina threo athuair. De ghluaiseacht lom dhíreach, síneann an dall a chiotóg i dtreo ghnúis Fheardorcha agus brúnn a bhos go láidir in aghaidh chláréadain an tsaighdiúra. Tagann cuma fhann mhí-éifeachtach ar Fheardorcha ar an toirt. Cé nach dtiteann an tóirse lasta as a lámh, claonann an bogshifín go géilliúil i dtreo an urláir agus titeann an cuairteoir ar a dhá ghlúin os comhair na manach.

"A Bhenignus!" arsa Nilus, agus tuin na himní le haithint ar a ghlór.

"Ná bí buartha, a Nilus, a chara liom. Ní baol dó."

Tá lámh Bhenignus go dlúth i gcoinne an chláréadain i gcónaí agus Feardorcha umhlaithe mar atá. Ansin druideann an manach an chiotóg siar agus is léir ar chlár na baithise foirm na croise a bheith dóite san fheoil. Cé go dtuigeann Nilus a bhfuil de bhuanna neamhchoitianta ag Benignus, idir thairngreacht agus eile, ní beag é an siar a bhaintear as ar a fheiceáil seo dó.

"Is fearr go bhfágfá anois sinn, a Bhráthair," arsa Benignus leis an Ab. Tá Nilus ina sheasamh idir dhá ursain an dorais ag an bpointe seo, é croite ag a bhfuil feicthe aige, é in amhras an cóir dó imeacht agus an bheirt seo a fhágáil i dteannta a chéile.

"Imigh, a Bhráthair, le do thoil," arsa Benignus, "ní baol domsa anseo ná don fhear seo ach an oiread." Breathnaíonn an tAb ar a chomrádaí soicind nó dhó, ansin fágann an cillín agus fanann ina sheasamh lasmuigh sa dorchla.

Trasnaíonn Benignus urlár a sheomrasa agus seasann faoin bhfuinneoigín. Tá Feardorcha ar a ghlúine i gcónaí, é fannlag, gach cuma air go bhfuil sé ceansaithe ag a bhfuil déanta ag Benignus dó.

"Theastaigh uait labhairt liom, más ea, a Fheardorcha?" arsa Benignus.

Ar a chloisteáil a ainm féin dó, roptar an saighdiúir de thurraing as an mearbhall cinn atá air. "A Bhráthair?" ar sé.

"Bhí tú ag iarraidh labhairt liom ar fháth éigin?"

Ardaíonn Feardorcha a lámh lena chláréadain. Airíonn sé teas domhain dóiteach ann fós. Ach cheana féin, faoi seo, níl an t-iarsma is lú den chrois a dódh san fheoil air le feiceáil. An chuma ar Fheardorcha nach eol dó go baileach an áit a bhfuil sé nó céard a thug air briseadh isteach i gcillín an mhanaigh ó chianaibhín.

"Ní raibh, a Bhráthair," ar sé, "ní raibh aon chúis cainte agam leat." Súile an tsaighdiúra dírithe ar an urlár agus é ag rá na habairte aonair. Gach cuma ar a chaint gur gan bhrí í.

"Is fearr, más ea,," arsa Benignus, "go gcuirfeá tú féin faoi chúram Ab Nilus. Aimseoidh seisean áit chodlata duit lasmuigh de bhallaí na mainistreach."

Ar chloisteáil a ainm á lua do Nilus, seasann sé isteach idir an dá ursain arís. Agus a shúile dírithe ar an talamh i gcónaí aige, casann Feardorcha agus bogann leis i dtreo an dorais. Tá táimhe agus easpa cinnteachta ina ghluaiseacht aige, é mórán mar a bheadh gadhar allta ar baineadh an anáil as agus a smachtaíodh. Tagann Nilus chuige, beireann ar leath-uillinn air agus treoraíonn chun an dorchla é.

Agus Benignus ag dúnadh doras an chillín ina ndiaidh, dírítear a aird ar thorann clamprach lasmuigh. Neosann míbhinneas na seitrí gur slua capall é atá á thiomáint isteach i ngairdín na mainistreach. Druideann sé é féin i ngar don fhuinneoigín. Tuilleadh de shaighdiúirí Dhonncha tagtha as Loch Reasca, síleann sé ar dtús ach, de réir mar a dhéanann sé ciall de chaint na bhfear lasmuigh, tuigeann sé nach hin é atá ann.

"Dhá chéad caoga de na heacha is breátha dá bhfuil ar fáil i dTuadhmhumhan, a bhuíochas sin de Dhiarmaid Uí Bhriain," arsa duine de na saighdiúirí, ansin cloistear gáire.

"An-obair, an-obair go deo," arsa duine d'oifigigh Dhonncha. "Seol isteach sa bhábhún ar cúl iad."

Agus de réir mar a dhruideann duine de na marcaigh níos gáire do fhuinneog chillín Bhenignus, is léire don manach ná riamh dul na cainte atá á déanamh. "Is ar éigean go bhfuil oiread agus capall catha amháin fágtha i bhfoisceacht cúpla míle de Ghleann an Chlaib ag an bpointe seo," ar sé. "Faoin am go dtagann Diarmaid agus a chuid saighdiúirí a fhad linne ar maidin, beidh siad chomh spíonta sin i ndiaidh an tsiúil nach mbeidh stró ar bith ar na marcaigh s'againne ag fáil an lámh in uachtar orthu." Agus, an babhta seo, is gáire mórán fear a chloistear. Brúnn Benignus a dhroim go láidir in aghaidh an bhalla istigh agus luíonn a bhfuil ina thuiscint aige ar a bhfuil le teacht go trom mór ar a chroí. Gearrann sé Comhartha na Croise air féin, téann ar a ghlúine ar an urlár fuar crua agus tosaíonn ar an bPáidrín a rá. *"In nomine Patri et Filii et Spiritu Sancti ..."*

* * *

Gach ní ina ghirle guairle i nGleann an Chlaib. Bogann Iarla leis go deifreach ó phuball go puball agus saighdiúirí a athar á ndúiseacht aige. Tá Diarmaid féin ar dhuine díobhsiúd is túisce a thagann ar an láthair. Beireann sé greim docht ar Iarla agus croitheann é. "Céard é féin, a Iarla? Céard é atá tarlaithe?"

Breathnaíonn Iarla ar shúile cruachliatha a athar agus déanann a bhfuil de stuaim i súile an tseanóra an mac a chiúnú ann féin.

"Na capaill," arsa Iarla, "táid uile imithe."

"Imithe, a bhuachaill?" arsa Diarmaid. "Cén chaoi imithe?"

"Imithe, adeirim. Goidte."

Tá smaointe Dhiarmada chun tosaigh ar chaint a mhic cheana féin. Is ar impleachtaí ghadaíocht na n-each atá a intinnse ag an bpointe seo.

"Agus Fionnán," arsa Iarla, "tá sé s–"

"Ar ndóigh, Fionnán!" arsa Diarmaid, agus rian na feirge ar a ghlór. "Cá háit a raibh Fionnán aoibhinn-ó nuair a bhí seo uile ag tarl–"

"Tá Fionnán marbh." Agus cuireann ráiteas grod Iarla stop láithreach le rámhaille Dhiarmada. "É sínte i measc na gcoll agus bior saighde go domhain in uisinn a chinn."

"Marbh! Fionnán!" Agus is léir siar nach beag a bheith bainte as Diarmaid ag caint a mhic.

"Trí sheans ar fad a tháinig mé air i measc na sceach agus babhla bracháin á bhreith agam chuige ar ball beag."

Cromann Diarmaid a cheann ar feadh roinnt soicindí, ansin ardaíonn agus breathnaíonn uaidh sa spéir ó thuaidh, áit a bhfuil an ghealach ag seasamh amach go dána glé os cionn Charraig an Iolair. Cloistear uaill uaigneach fhada mhic tíre á seoladh féin amach ar ghlaine aer na hoíche agus tuigtear don té a chloiseann nach haon dea-thuar é sin.

"A oifigigh," arsa Diarmaid de ghlam, agus deifríonn ceannairí na gcathlán éagsúil chuige.

* * *

Uaill uaigneach mhic tíre áit éigin i bhfad uaidh a bhriseann isteach ar chráifeacht Bhenignus agus an Chóróin Mhuire á guí aige. Cé gur léiríodh dó san fhís a bhfuil d'ár le teacht, tuigeann an manach dall gur ag Dia amháin atá an chumhacht rud a thabhairt chun críche mar a thairngrítear, nó é sin a athrú ar a rogha bealach, de réir mar is toil Leis féin.

Tá cúrsaí ciúnaithe thar mar a bhí ar ball lasmuigh de chillín Bhenignus agus, go deimhin, i gcomharsanacht na mainistreach i gcoitinne. Tá saighdiúirí Dhonncha ar billéad faoi seo, a gcuid capall ar teaghrán agus eacha Dhiarmada, a seamhraíodh as Gleann an Chlaib, faoi choinneáil i ngairdín na mainistreach: gairdín an Bhráthar Germanus. Is lú ná sásta a bheidh Germanus faoi sin, síleann Benignus dó féin. Agus fiú Feardorcha na faghartha, ar chuir Benignus múineadh éigin air ar ball, tá brat an chodlata tite airsin chomh maith.

Cuireann Benignus clabhsúr ar an urnaí, aimsíonn an chloch stairriceach sa bhalla atá ar leibhéal a ghualainne, leagann leathlámh uirthi agus tarraingíonn é féin aníos ina sheasamh faoi leac na fuinneoige, áit a ndrithlíonn solas buí na gealaí isteach sa chillín. Báine shúile Bhenignus ag cur leis an solas céanna, iad chomh bán anois agus a bhí siad ar ball nuair a rinne sé fearg Fheardorcha a cheansú. Déanann sé bos na láimhe lenar cheansaigh sé an saighdiúir a mhéarú. Tá feoil na boise céanna tinn, ach tá a fhios aige go maolófar ar an tinneas sin in imeacht ama, díreach mar a tharla ar ócáidí eile den tsórt sin cheana. Uaill fhada eile fós ag an mac tíre i bhfad uaidh, agus trasnaíonn íomhá dhorcha na croise gile na gealaí, í ag cealú an tsolais a chruthaigh Dia féin.

6

Loch Reasca. Eadarthráth an mhaidneachain nuair nach bhfuil a bealach déanta ag an ngrian thar chiumhais Sliabh na gCapall agus gan rian dá solas le feiceáil ar uisce an locha fós. Tá a bhfaoistin á déanamh ag saighdiúirí Dhonncha le breis agus uair an chloig anuas agus iad ag imeacht, duine ar dhuine, i ndiaidh na faoistine chun cóiriú na gcapall agus na n-arm a chinntiú. Tá a bhealach déanta ag Père François go puball Dhonncha. Is Francach é atá mar shéiplíneach ag fórsaí an Rua-Bhrianaigh le roinnt blianta anuas, ón uair a chuir Donncha aithne air i dTigh de Clare, an tiarna Normannach atá mar chomhghuallaí ag an mBrianach le tamall maith anuas. A fhios ag François gur chun beannacht a ghuí ar Dhonncha a glaodh chun an phubaill é. Tá an Rua-Bhrianach ar a ghlúine os comhair an tsagairt agus lámha François leagtha ar bhaithis an taoisigh aige. É mar smaoineamh ag an eaglaiseach, mar a bhíonn i gcónaí ar ócáidí den tsórt, go mb'fhéidir gurb í seo an uair dheireanach a ghuífidh sé a bheannacht ar an gceannaire céanna.

"*Oremus*," ar sé mar thús, ansin taobhaíonn sé lena theanga dhúchais féin, "*Je prie que le grand Dieu du ciel et de la terre te donnera le grâce et la fortitude qui soit necessaire pour gagner la victoire. In nomine Patri, Filii et Spiritu Sancti.*"

Gearrann Donncha Comhartha na Croise air féin ag deireadh na beannachta, éiríonn, ansin suíonn agus sméideann ar an tséiplíneach déanamh amhlaidh chomh maith.

"An cath seo romhainn, a Phère, samhlaím go sáróidh sé gach a bhfacthas riamh in imeacht chaithréim Thoirdhealaigh," ar sé.

"Tá faitíos orm go mb'fhéidir go bhfuil an ceart agat, a thiarna. Is é an cath seo, seans, a chuirfidh clabhsúr ar an gcogaíocht fhada seo ar deireadh."

Cé go bhfuil an smaoineamh ceannann céanna ina chloigeann ag Donncha le tamall anuas, ar bhealach aisteach éigin cuireann ráiteas seo an tsagairt le dlisteanachas na féidearthachta gurb amhlaidh a bheidh.

"Tá na trúpaí corrthónach, a Phère. Is aisteach é a bhfuil tarlaithe dóibh an oíche seo thart."

"Sea, aisteach, gan aon dabht, a thiarna Dhonncha."

"Tá eilimintí an Nádúir i gcomhcheilg lena chéile," arsa Donncha, "agus níl amhras ar na fir ach gurbh í Duairceas na Boirne féin a tháinig chucu cois locha anseo."

Déanann an sagart maolgháire. Ní leor é chun dímheas a léiriú ná chun fearg an taoisigh a ardú, ach is léir do Dhonncha gur comhartha é nach gcuireann an séiplíneach aon suntas ann mar tharlúint.

"Tá sé feicthe agam féin ar an láthair seo anocht, a Phère."

"I gcead duit, a thiarna Dhonncha, tá sé dlite dúinn mar Chríostaithe gan aon suntas a thabhairt dá leithéid. Ainriochtán Nádúir ba chúis lenar tharla, ní foláir – rud den chineál nach bhfacthas aon uair cheana agus nach bhfeicfear riamh arís."

"Hmm!" arsa Donncha, é á thabhairt le fios leis an mbaothfhocal céanna nach nglacann sé ar chor ar bith leis an tuiscint atá ag an eaglaiseach air mar tharlúint.

"Tá sé ráite agam leis na trúpaí i gciúine na Faoistine,

a thiarna, nach aon ní dóibh é an tarlúint seo agus gur cinnte go mbreathnóidh ár Slánaitheoir Íosa Críost agus a Mháthair Mhaighdeanach Bheannaithe anuas orthu agus go gcumhdóidh siad ar an ainbheart iad."

"Tá sin go breá, a Phère, ach samhlaimis fírinne a bheith i dtairngreacht bhagrach na Caillí."

"*Mon Dieu, mon Dieu, mais non,*" arsa an Francach, agus cuma na halltachta air, ansin leagann sé lámh ar rosta Dhonncha. "A mháistir liom," ar sé, "creideamh a bheith acu i nDia, agus ina dhiaidh sin ní baol dóibh ball ná beatha."

Cromann Donncha a chloigeann. Is rímhaith mar is eol dó mar a éilíonn an Chríostúlacht air go ngéillfidh sé a cheart don Uilechumhacht, ach ní thig leis a bheith dall ar an méid a chaitear aníos chuige ag traidisiún atá níos ársa fós ná sin. Ach an oiread lena chol ceathar, Diarmaid, lena mbeidh a thrúpaí féin ag dul i gcomhrac, oileadh agus tógadh é le scéalta sí, scéalta na diamhrachta, scéalta an osréalachais agus, ar uaireanta mar seo, is leasc leis a bheith beag beann ar na comharthaí úd a raibh meas thar cuimse ag a shinsear orthu.

"Eagla roimh ár dTiarna Íosa Críost, sin é amháin a bhfuil de dhíth ort, agus beidh an uile ní ina cheart," arsa François.

Nascann súile na beirte dá chéile. Tá a fhios ag an sagart gur beag é a bhfuil de chompord bainte ag Donncha as a bhfuil ráite aige. Ach tuigeann siad beirt gur fánach an iarracht acu é leanacht den bplé seo. Titfidh cúrsaí amach mar atá dlite dóibh, cuma plé nó eile, agus tuigeann siad an méid sin.

"Rud beag eile, a Phère," arsa Donncha.

"Sea, a thiarna?"

"Cás mo neachtsa."

"Ah, an Bhantiarna Sorcha."

"Sea, go díreach. Ba mhaith liom go dtabharfá faoi do chúram í roimh am an chatha."

"Cibé is mian leat féin, a Thiarna."

"Sea, nuair a thagaimid a fhad le ceantar Bhéal an Chloga, roimh dúinn ceann sprice a bhaint amach ag an mainistir i gCor Chomrua, ba mhaith liom go mbéarfá leat í ó thuaidh ar bhóthar an chósta. Tá socraithe agam cheana féin go dtabharfaidh tú go Tigh Skerrett í i gceantar Fhionaigh Bheara, áit a chuirfidh sibh an oíche díobh. Ach, go luath san athlá, roimh éirí na gréine féin, glacfaidh sibh an bóthar soir go Cill Cholgáin agus, as sin, ó thuaidh go daingean na Gaillimhe, mar a bhfuil muintir de Bláca ag súil le bhur dteacht."

"Ach dá –"

"Ní hann don dá ná má, a Phère. Deimhnigh dom, le do thoil, go ndéanfaidh tú amhlaidh."

"Ach, i gcead duit, le do thoil, a Dho–"

"Tá mo thoil ráite cheana féin agam, a Phère. Déan."

Loime agus boirbe chaint Dhonncha a chuireann críoch le plé na ceiste agus tuigeann François nach bhfuil aon chiall ann a bheith ag cur ina choinne.

"Is maith sin, más ea," arsa Donncha, agus plabann sé a dhá lámh anuas ar a ghlúine, ansin preabann ina sheasamh mórán den ghluaiseacht chéanna. Seasann an sagart leis. "Tá a bhfuil le rá ráite againn," arsa Donncha, "agus, taca an ama seo amárach, beidh gach a bhfuil le déanamh déanta."

"Le cúnamh Dé, a thiarna liom, le cúnamh Dé."

Beireann an bheirt barróg ar a chéile agus bogann leo arís i mbun a ngnó féin.

"Seo, seo, a fheara, réitigí na capaill sin," a bhéiceann Donncha, agus gluaiseann sé go húdarásach i measc na bhfear.

* * *

Is mó go mbaineann an siar 's aniar de chlampar sa champa i nGleann an Chlaib le gach ní eile seachas réiteach na gcapall. Oiread agus sean-staigín d'each níl le feiceáil ann agus tá oifigigh Dhiarmada croite go dona i gcónaí ag an ngoid a rinneadh i ndoircheacht na hoíche. Le cúpla uair an chloig anuas, tá a meonta dírithe ar straitéisí úra a chumadh agus a phlé. Tá an oiread sin brú orthu lena leithéidí go bhfuil cur Fhionnáin bhoicht faoin bhfód fágtha faoi bheirt stócach a mbeadh cúram réitigh na n-each orthu in éindí le Fionnán, dá mba ann don fhear óg i gcónaí – dá mba ann do na capaill, go deimhin. Cinneadh déanta cheana féin go stopfaidh slua Dhiarmada tamall i nGleann an Chlaib ar an mbealach aduaidh dóibh i ndiaidh an chatha agus go dtabharfar ómós cuí do Fhionnán ag an am sin. Ach, ag an bpointe seo, tá an uile smaoineamh dírithe ar an gcath féin. Tá Diarmaid craptha ar a ghogaide agus Iarla taobh leis ar an dóigh chéanna, agus oifigigh na gcathlán bailithe timpeall orthu.

"Seo mar a bheidh, más ea," arsa Diarmaid leis na ginireáil, "na saighdeoirí chun tosaigh agus na troithigh díreach ar na sála orthu, agus ansin dhá líne chaon taobh díobh sin uile a bhfuil idir shaighdeoirí agus throithigh iontu."

"Ach, a Dhiarmaid," arsa Fearghus, ar de mhuintir Mhic Con Mara Rua é – duine de na hoifigigh is sinsearaí –

"ciallaíonn sin go bhféadfadh cuid dár dtrúpaí féin sa líne thosaigh a bheith faoi dhainséar ag iarrachtaí ár saighdeoirí taobhacha."

"Tá an ceart ar fad agat, a chara," arsa Diarmaid, "ach is oth liom a rá nach bhfuil an dara rogha againn toisc na marcaigh a bheith as an áireamh ag an bpointe seo."

"Agus céard faoi na marcaigh féin, más ea?" arsa duine eile de na hoifigigh. "An mbeidh siadsan i measc na saighdeoirí nó na dtroitheach?"

"Nach maith mar cheist agat í!" arsa Diarmaid. "Beidh cuid acu i measc an dá chineál ach tá casadh úr eile fós sa scéal," ar sé, agus lámh á cur aige ar ghualainn Iarla. "Beidh go leor de na fir sin faoi cheannasaíocht Iarla anseo agus iad ag feidhmiú mar bhuíon eadarnaíche."

Breathnaíonn na hoifigigh ar a chéile. Ní seift í seo a bhfuil cur amach acu uirthi, d'ainneoin scéalta a bheith cloiste acu faoin bhfoghlaí Hood i bhForaois Sherwood Shasana, siar in aimsir Risteáird na tíre sin.

"A Iarla," arsa Diarmaid, agus sméideann sé ar a mhac seasamh agus labhairt leis na hoifigigh.

Breathnaíonn Iarla isteach sa dá shúil ar a athair. Tá a chliabhrach ata le teann bróid. Is í seo an chéad uair ar bhronn Diarmaid cúram chomh mór tábhachtach sin air. Tá a fhios ag Iarla gur gníomh oidhreachta, gníomh comharbachta é seo ag Diarmaid. Mar seo, b'fhéidir, a thosaigh a sheanathair ar fhreagracht a bhronnadh ar Dhiarmaid féin am éigin siar na blianta, síleann Iarla. Briseann an t-ógfhear ceangal na súl idir é agus Diarmaid agus díríonn a dhearc ar cheannairí na gcathlán.

"A fheara," ar sé, "ní straitéis í an eadarnaíoch a bhfuil taithí againn uirthi ach, mar sin féin, is é an chaoi, i ndáiríre, gur buntáiste dúinn í gné an teacht aniar aduaidh atá ag baint léi." É diongbháilte dearfach ina chaint, é á rá ar bhealach a chothaíonn idir dhíograis agus mhuinín sna héisteoirí ina thimpeall. "Is é an rud is deireanaí ar domhan a mbeidh lucht Rua Uí Bhriain ag súil leis uainn mar bhealach troda."

Tá splanc an dóchais glé lonrach i súile na n-oifigeach. Is ansa leo Diarmaid mar thaoiseach agus anois aithníonn siad rian an athar ar an mBrianach óg.

"Ní foláir dúinn a bheith gasta cinnte cliniciúil i ngach a dhéanaimid, a fheara," arsa Iarla. Tá gluaiseacht agus stíl faoina chuid cainte, é á tabhairt uaidh ar bhealach a chuireann sceitimíní ar lucht an chomhthionóla. "Caithfear cailliúint na n-each a ruaigeadh as ár n-intinní. Caithfimid a bheith de shíor ag meabhrú dúinn féin go bhfuil straitéis úr againn nach eol do dhuine ar bith a dhath faoi ach muid féin."

Siosarnach cainte i measc na n-oifigeach a fhásann ina rabharta. Iad ag sméideadh ar a chéile ar bhealach a léiríonn féinmhuinín agus dearfacht agus, thar aon ní eile, dul i gcion chaint Iarla orthu.

"Tá straitéis againn, a chomhghuallaithe, a bhéarfaidh an lá léi agus a fhágfaidh ar mhuin na muice sinn ar an mbealach ó dheas abhaile dúinn," arsa an t-ógfhear.

An monuar céanna cainte arís i measc na bhfear agus, an babhta seo, is tapúla é a fhás chun rabharta ná cheana.

"Seo, seo," arsa Iarla, na méara á n-oibriú go heiteallach aige agus é ag sméideadh orthu, "druidigí chugam." Agus dúnann ciorcal na n-oifigeach isteach air. "Seo í Ucht Máma, taobh thoir de Chor Chomrua féin," ar sé, agus tarraingíonn sé X ar an talamh le ceann an mhaide atá ina dheasóg aige. "Is ceantar é ar meascán é den charraig lom agus den sciollach. Roghnófar réamh-pháirtí a rachaidh romhainn chun cuid den chúrsa a shiortú. Ansin, glacfaimidne cúrsa atá rud beag éigin soir ar mhainistreacha Ucht Máma agus leanfaimid orainn caoldíreach nó go mbeimid ar an taobh ó thuaidh de Chnoc na Mainistreach."

"Ach, a Iarla," arsa Mac Con Mara Rua, "nach gciallaíonn sin go mbeimid imithe ónár namhaid?"

"Go díreach é, a Fhearghuis, a chara liom," arsa Iarla, "agus sin é, thar aon ní eile, a bhfuil uainn."

Breathnaíonn na hoifigigh ar a chéile athuair agus a fhios acu, thar mar a bhí riamh go dtí seo, gur smaointeoireacht de chineál úrnua radacach é seo.

"Ansin, a laochra Thuadhmhumhan, agus an príomhfhórsa ar a bhealach as seo faoi cheannasaíocht m'athair faoin am sin, tabharfaimidne aghaidh ó dheas arís. Tiocfaimid aduaidh thar Chnoc na Mainistreach, áit nach bhfeicfear sinn i measc na gcéadta caorach atá ar féarach ag na manaigh ar na sleasa ar an taobh ó dheas den chnoc céanna."

"Thar cinn!" arsa duine de na Dálaigh sa chomhluadar. "Cé a cheapfadh riamh gur aduaidh a thiocfaimis nuair is eol do Dhonncha Ó Briain cheana féin go bhfuil ár gcampa déanta píosa deas ó dheas i nGleann an Chlaib? Thar cinn!"

Is léir ar aghaidheanna na gceannairí eile go dtacaíonn siad leis an tuairim atá nochta ag an Dálach.

"Go díreach é," arsa Iarla. "Agus sin í eilimint an teacht aniar aduaidh atá againne orthu agus, le cúnamh mór Dé, is leor sin mar chúiteamh dúinn ar chailliúint chathlán na marcach."

"Ach céard iad go baileach sonraí an ionsaithe, a Iarla?" a fhiafraíonn Fearghus.

"Beidh an t-ionsaí féin simplí éifeachtach, a Fhearghuis," arsa Iarla, "ach neosfar sin nuair a shroisfimid an taobh ó thuaidh de Chnoc na Mainistreach. Cúrsaí ama is tábhachtaí ag an bpointe seo agus caithfimidne tosú amach sula sceitheann solas an lae ár rún leis na Rua-Bhrianaigh."

"Ardfhear, a Iarla," arsa Diarmaid, agus glacann an t-athair tús áite sa chomhluadar athuair. "Beimid glanta ar ár mbealach as seo sula bhfeicfear oiread agus puithín gréine taobh thoir de Charraig an Iolair."

Téann na hoifigigh i mbun a bhfuil le déanamh, iad lán dóchais toisc a bhfuil cloiste acu. A raibh ina dhubh ina n-intinní ar ball beag, tá sin casta ina gheal ag caint Iarla. Sméideann Diarmaid ar a mhac teacht chuige.

"Sárchaint, sárghríosadh, sárcheannaireacht, a mhic liom," arsa an t-athair. "Ní beag mar a shásaíonn sé mé a thuiscint go mbeidh comharba orm ar Chlann Thoirdhealaigh a fhéachfaidh chuige go gcaomhnófar traidisiún uasal na mBrianach."

Beireann an bheirt barróg ar a chéile, an t-ógfhear ag breathnú uaidh ó thuaidh thar ghualainn an athar, áit a dhéanfar an t-ár, agus radharc Dhiarmada dírithe i dtreo na dtailte méithe ó dheas, mar a bhfuil na glúnta Brianach faoin bhfód san ithir dhubh-donn.

7

A mbealach á dhéanamh i dtreo Mhainistir Chor Chomrua ag Donncha agus a chuid marcach nuair a chloistear buille an chloig ag fógairt am bricfeasta. In imeacht nóiméid tá na manaigh bailithe isteach sa phroinnteach agus báitear an t-altú atá á ghuí ag Nilus ag gleo na gcapall lasmuigh.

"Áiméan," arsa an comhluadar istigh, agus is beag nach mbáitear an focal aonair sin chomh maith, lena bhfuil d'ordaithe á mbéicíl amuigh sa chlós.

"Saighdiúirí Dhonncha tagtha," arsa Placidus i gcluas Bhenignus, agus tugann sé soincín beag dá uillinn don dall.

"Cloisim féin iad, a Bhráthair. Is ró-mhinic tú ag ceapadh gur bodhar atá mé seachas dall, a dhuine." D'ainneoin a shéimhe i gcoitinne, tá rian na feirge ar chaint Bhenignus. Ní túisce an méid sin ráite aige nó tá aiféala air. Is rímhaith is eol dó gurb é Placidus, thar aon duine eile riamh, is tuisceanaí dó agus don chailliúint radhairc a bhuail é. "Maith dom an bhoirbe leat, a Phlacidus, a chara. Is é an chaoi nár chuidigh tarlúintí na hoíche a dhath le mo leagan intinne."

Go deimhin, is lú a chuireann girle guairle na hoíche as do Bhenignus ná a bhfuil feicthe san fhís úd aige. Agus, anuas air sin, is dlúthchuid de bhua na tairngreachta aige an t-aonarachas agus an t-uaigneas a thagann leis. Téann sé dian air go mbíonn air a bheith rúnda faoina bhfeiceann sé agus go mbíonn air brú millteanach a iompar maidir le rud a rá faoina léirítear dó, nó fanacht ina thost.

"Ní dada é, a Bhenignus, a chara," arsa Placidus.

"Feictear dom nach bhfuil oiread agus duine amháin de na bráithre ar a shuaimhneas i ndiaidh ruathar na hoíche aréir."

Díríonn an bheirt a n-aird go ceann roinnt nóiméad ar na bulóigíní aráin atá os a gcomhair ar chlár an bhoird. Tá Benignus díreach ar tí cuid dá smaointe a roinnt lena chara nuair a bhuaileann Feardorcha isteach go toirmiúil sa phroinnteach. Fós eile an babhta seo, feictear solas na dtóirsí atá crochta ar na colúin chloiche ag damhsa go glioscarnach i miotal na lúirí atá á caitheamh ag an saighdiúir.

"Seasaigí uile i láthair Dhonncha, Prionsa Chlann Rua-Uí Bhriain," arsa Feardorcha.

An Bráthair Nilus is túisce a chuireann cosa faoi féin, ansin seasann na manaigh eile. An uile mhanach seachas Benignus. Is mó is é an drochmheas atá aige ar Fheardorcha ná haon easpa cúirtéise i leith Dhonncha is cúis leis fanacht ina shuí. Cé gur mó i bhfad é luí Bhenignus le cás Dhiarmada agus leis an taobh sin de chlann ársa na mBrianach, níl fáth ar domhan aige gan meas a léiriú do Dhonncha. Go deimhin, nárbh é Benignus féin do chuir baisteadh urláir faoi phráinn ar dhuine de linbh Dhonncha roimh bhás don naíonán céanna de thoradh eitinne, tá dosaen bliain ó shin. Ach is ró-léir iad sonraí na físe in intinn Bhenignus i gcónaí agus is ró-mhaith is eol dó droch-nádúr Fheardorcha – an fear atá mar leifteanant ag Donncha. Tarraingt lámh Phlacidus ar mhuinchille na haibíde air a ghriogann Benignus chun lánaithne.

"Seas, a Bhenignus. Seas, in ainm Dé," arsa a chara leis de chogar. Ach ní léir ar dhreach Bhenignus go bhfuil aird ar bith á tabhairt aige ar a chomrádaí. "Seas, a Bhenignus," arsa Placidus athuair. "In ainm díli–"

"Seas, a mhanaigh. In ainm Dé agus in ainm Dhonncha, Prionsa na Rua-mBrianach, seas," arsa Feardorcha de ghlór grágach, agus é ag gearradh trasna ar chaint Phlacidus.

Fiú roimh labhairt do Fheardorcha, d'airigh Benignus scáth fuar an tsaighdiúra ag trasnú a éadain. Déanann an seanmhanach neamhaird de ghrodchaint an leifteanaint agus luíonn isteach arís ar an mbulóigín a ithe. Cé, ar ndóigh, nach féidir leis an fhearg ar ghnúis Fheardorcha a fheiceáil, tá Benignus in ann goimh na feirge céanna atá á díriú air a bhrath. Ardaíonn an saighdiúir a dheasóg, stodaí miotalacha an láimhín leathair atá á clúdach ag glioscarnach faoi sholas na dtóirsí. Agus an lámh ar airde na gualainne aige, scuabann sé go fíochmhar í i dtreo éadan an daill, í i bhfoisceacht orlaigh den aghaidh, b'fhéidir, nuair a bheirtear greim gan choinne ar rosta an tsaighdiúra.

"Dóthain, a Fheardorcha." Is é Donncha féin a deir. Is é Donncha, leis, a bhfuil bac curtha aige ar ghluaiseacht lámh an leifteanaint. "Céard is bunús leis seo ar chor ar bith, a dhuine, 's gan déanta ag an bhfear bocht ach diúltú do do bhoirbe?"

"Ach, a Dh–"

"Dóthain adeirim leat, a Fheardorcha," arsa Donncha, agus an babhta seo, ní bhreathnaíonn sé fiú ar an oifigeach. Ach breathnaíonn Feardorcha féin go géar dúshlánach ar Dhonncha. Ach is i dtreo an tseanmhanaigh a chasann Donncha a shúilese.

"Cén chaoi a bhfuil tú, a Bhenignus, a sheanchara liom?" arsa Donncha, agus séimhe ar a ghlór. Éiríonn Benignus agus aimsíonn sé lámh shínte Dhonncha lena dheasóg, umhlaíonn rud beag, ansin pógann méara an

Bhrianaigh. Tá Feardorcha le ceangal leis an bhfearg a airíonn sé arna fheiceáil seo dó. Is mó anois ná riamh a airíonn sé maoracht Dhonncha ina choinne.

"Suigh, a dhuine ghroí," arsa Donncha le Benignus. "Suígí uile, a bhráithre, le bhur dtoil." Agus nuair a chuireann lucht an chomhluadair fúthu, suíonn Donncha é féin ag an mbord díreach ar aghaidh Bhenignus. Tá a fhios ag Donncha le fada siar gur mó i bhfad é luí Bhenignus le cás a chol ceathar, Diarmaid, ná leis féin agus na Rua-Bhrianaigh i gcoitinne. Ach is duine cóir é Donncha, é cothrom, é tuisceanach do cheart an duine taobhú leis an rud is mian leis féin, gan aon chur isteach air ag maorlathas ná cúis.

"Tá tú ag treabhadh leat i gcónaí, bail ó Dhia ort, a Bhráthair."

"Mé folláin go maith, a Thiarna Dhonncha, buíochas mór le Dia, d'ainneoin imeacht na mblianta orm."

"Bhuel, is maith liom sin a chloisteáil. Ar ndóigh, is tráth mór míshocrachta dúinn uile iad na laethanta seo."

Rian de mhiongháire ar bhéal Bhenignus ar a chloisteáil seo dó. "Sea, míshocracht, ar ndóigh, díreach mar a deir tú, a Dhonncha, ach is minice gur d'ár ndéanamh féin é an mhíshocracht ná de thaisme."

Samhlaíonn Feardorcha sotal le ráiteas seo an mhanaigh. Brúchtann an fhearg aníos de rabharta ann agus tosaíonn sé ar dhéanamh ar an seanfhear mar a rinne cheana.

"Srian ort, a dhuine," arsa Donncha, agus bac á chur aige ar ghluaiseacht an tsaighdiúra lena leathlámh. "Cead agus ceart cainte ag an duine ina thearmann féin." Íslíonn an fear uasal a lámh agus cromann ar aghaidh i dtreo an mhanaigh rud beag. "Is fada idir charadas agus mheas agam ort, a Bhenignus, é sin d'ainneoin do chroí, agus do phaidreacha, seans, a bheith le cás mo chol ceathar, Diarmaid."

Miongháire na caoine ar bhéal an mhanaigh. "Agus is mór é mo charadas duitse, a Dhonncha, agus mo mheas ort dá réir." Is d'aon ghnó ar fad a thugann Benignus a ainm ceart féin ar an mBrianach seachas teideal na cúirtéise. Tá a fhios aige go dtuigfear an fáth go ndéanann sé amhlaidh agus, dá réir sin, nach nglacfar aon olc leis dá bharr. "Ach an té ab eol dó an uile smaoineamh atá in intinn aon neach eile, is cinnte go bhfuil ualach mór na freagrachta ar a leithéid."

Is é Donncha a dhéanann miongháire an uair seo. Is rímhaith is eol dó mar a leag an Cruthaitheoir lámh ar an manach agus bhronn bua na fáistine air.

"Is agatsa atá féith na tairngreachta, a Bhráthair, ní agamsa, agus tá a fhios sin againn beirt. Níl uaimse ach nach gceapfá an drochrud fúm."

Síneann Benignus a dheasóg thar dhromchla an bhoird agus aimsíonn leathlámh an fhir uasail. Gníomh dána aige é seo, a cheapann na manaigh eile, agus iad imníoch ar feadh soicind nó dhó go mb'fhéidir go gcuirfidh Donncha go láidir ina choinne.

"Ní haon chur i do choinnese atá i mo chroí agam, a Dhonncha, a chara, ach cur i gcoinne na cogaíochta seo atá ar siúl le fada. Ró-fhada, go deimhin. Arae, céard é síol na Maitheasa agus na Críostaíochta murab í an tsíocháin í, a chara? Síol an Oilc an chogaíocht. Agus cén fáth cogaíocht? Ní ar mhaithe le bráithreachas ná muintearthacht é agus is cinnte nach ar son an tSlánaitheora Íosa Críost a dhéantar é."

Teas aduain éigin a airíonn Donncha á thras-seoladh as deasóg an mhanaigh isteach ina lámh féin. Idir chompord agus mhíchompord ann ag an am céanna. Leagann Donncha a leathlámh eile anuas ar dheasóg an tseanfhir agus fáisceann go bog é, é ag tabhairt le tuiscint trí'n ghníomh beag simplí sin go dtuigeann sé a bhfuil á rá ag an manach.

"Ach is duine naofa tú, a Bhenignus, agus is saighdiúir agus ceannaire ar shaighdiúirí mise."

"Go deimhin, is fíor duit é, ceannaire ar shaighdiúirí. Ceannaire, ach an oiread le gach aon cheannaire eile, atá faoi bhreith ag an Uilechumhacht, an tUilecheannaire. Agus is iomaí bealach atá ann le ceannaireacht a thabhairt, agus deirim leat, a thaoisigh uasail na Rua-mBrianach, nach í an chogaíocht, nach í marú ghaolta ag a ngaolta féin is fearr a léiríonn tréithe na ceannaireachta."

Feardorcha ina sheasamh taobh le Donncha ar feadh an ama. É ag dul dian ar an oifigeach guaim a choinneáil air féin agus é ag éisteacht le caint seo an mhanaigh. Mic imrisc na súl dorcha air ar bior, iad ag snáthaidiú an tseanfhir le linn labhartha dó. Feardorcha ag déanamh iontais de go labhródh Benignus mar seo le Donncha, go mbeadh sé de dhánacht aige lámh a chur ar an bprionsa agus cluain a chur air lena dheisbhéalaí. Ní cóir cur suas lena leithéid, dar le Feardorcha.

"Gan ach an t-aon réiteach amháin ar an easaontas seo idir an dá chlann Bhrianach, is oth liom a rá, a Bhráthair," arsa Donncha, "agus déanfaidh mé féin agus mo chol ceathar, Diarmaid, é sin a thabhairt chun críche ar ball."

"Tuigim sin, a Dhonncha, ach cén chiall é sin a dhéanamh ar mhá an áir?"

"Is é má an áir m'áitse oibre, a Bhenignus, a chara liom, díreach mar is áit oibre duitse é an gairdín nó an t-aireagal."

"I gcead duit, a thiarna Dhonncha, is mar thoradh ar ár gcinnidh féin a cheaptar aon áit oibre. Ní áiteanna ar leith iad iontu féin. Is é an rud a dhéantar iontu a dheimhníonn iad a bheith damanta nó deabhóideach."

Feardorcha le ceangal lena bhfuil d'fhearg ag éirí aníos ann. Ní thig leis ciall a dhéanamh d'fhoighne Dhonncha i leith dhánacht seo an tseanfhir. An saighdiúir á chur thar bruach na fulaingthe ag tagairt dheiridh seo Bhenignus agus airíonn sé an fhuil ar bruith san uile fhéith dá bhaill choirp. D'ainneoin fainic a bheith curtha air faoi dhó ag Donncha cheana féin, gluaiseann Feardorcha de thonn feirge i dtreo an mhanaigh agus beireann greim ar bhreiséadach na haibíde air. "A leithéid de mh–"

"Dóthain, a Fheardorcha," arsa Donncha de ghlam, agus caitheann an prionsa é féin idir an seanóir agus an saighdiúir, ansin brúnn sé an t-oifigeach siar uaidh. "Ní dhéanfar tréas ná treascairt san áit bheannaithe seo, a Fheardorcha, agus ba mhór ab fhiú duitse aird a thabhairt ar a deirim faoi sin."

Cuma á cur air féin arís ag Feardorcha agus é ag baint lán na súl as an mBrianach. Beidh Donncha ag brath go mór air sa chath atá le teacht agus níl an leifteanant dall air sin. Beartaíonn sé srian a chur ar an bhfearg a airíonn sé leis an bprionsa. Tiocfaidh a dheis in imeacht ama agus tá a fhios aige ina chroí istigh go ndéanfaidh sé an deis sin a thapú.

"Dóthain, a dúirt mé leat, a dhuine," arsa Donncha. Íslíonn Feardorcha a shúile, freangann uair nó dhó, ansin cúbann mar a dhéanfadh ainmhí a bheadh faoi bhagairt.

Ansin casann sé go dána ar a shála agus pramsáileann an doras amach. Tiontaíonn Donncha i dtreo an mhanaigh athuair. "Tá tú ar dhuine den bhfíor-bheagán, a Bhenignus, a chara, a bhfuil Feardorcha measta go cruinn aige," ar sé.

"B'fhéidir é, a Bhrianaigh uasail, ach ní fearr, b'fhéidir, a dhéanfadh an fear céanna ná é féin a mheas. Ní chuirfear gaois i leith an tairbh a ruaigeann bó faoi dháir." Agus leathann miongháire ar bhéal Dhonncha arna chloisteáil sin dó.

"Abair é, a chara liom, abair é!" Agus, leis sin, íslíonn Donncha é féin ar a dhá ghlúin agus cromann a chloigeann i láthair an fhir naofa. "M'achainí ort, a Bhenignus, do bheannacht a ghuí orm lá seo an chatha."

"Tá sé de dhualgas orm sin a dhéanamh, a Dhonncha, agus tá a fhios agat sin. Ach is ort féin a leathaim beannacht seachas ar fheall ar bith a dhéanfar in ainm na cogaíochta. Guím ort an bheannacht chéanna, agus mé ag dúil leis go mb'fhéidir go dtiocfaidh idir thuiscint agus mhuinín chugat i mbealach na síochána."

Ardaíonn Donncha a chloigeann rud beag athuair. "Do bheannacht orm, más ea," ar sé, sula dtugaim an t-aistear siar go Coill na Siúdaine orm féin le ceannas a ghlacadh ar m'fhórsaí." Ansin breathnaíonn sé níos dána fós isteach i súile an mhanaigh. "Do bheannacht, le do mhíle thoil," ar sé, "le go bhfille mé faoi shuaimhneas anama anseo arís roimh breacadh an lae úir." Agus cromann Donncha a chloigeann den dara huair i láthair an tseanóra.

Leathann Benignus a dhá lámh caite criogánach ar bhaithis an taoisigh. "*In nomine Patri et Filii et Spiritu Sancti ...*"

8

Tá saighdiúirí an scata scabhtála atá seolta amach ag Diarmaid Ó Briain leathshlogtha ag an uigebhrat ceobhránach agus iad ag druidim leis an gcreagán i gceantar Ucht Máma, rud beag soir ó dheas ar Mhainistir Chor Chomrua. Cian Mac Fhlanncha, fear muinteartha de chuid Diarmada féin, atá i gceannas orthu, agus é faoi ordú ag a thaoiseach sábháilteacht an chúrsa a chinntiú do theacht Iarla agus an trí scór fear atá tamall ina ndiaidh. Is ag déanamh ar an taobh ó thuaidh de Chnoc na Mainistreach a bheidh Iarla agus a chuid fear.

Tá an t-aistear ag dul dian ar an dá dhream agus gan ach an beagán taithí acu ar dhromchla achrannach na gcloch Boirneach. Is mó i bhfad é a dtaithí ar na tailte méithe glasa ó dheas ná air seo. Is measa fós dóibh é – cé nach eol dóibh é ag an bpointe seo – go bhfuil an uile chor dá ndéanann Cian agus a bhuíon faoi mhionscrúdú ag súile scata scabhtála eile a rinne Feardorcha a sheoladh amach i gcoim na hoíche dorcha. Is scuad ar leith iad seo as fórsaí Dhonncha atá oilte i ngnó an fhoighdeáin agus nach eol dóibh támh ná trócaire. Iad faoi ordú ag Feardorcha gan aon deis sléachta a ligean tharstu. "Bígí duáilceach, a fheara," ar sé leo. "Caithigí leo mar a chaithfí le dris i lár na conaire, nó le hamhsán gadhair a shílfeadh siúl os comhair eich agus na srianta scaoilte ag a mharcach. Agus," ar sé, "más ann do chrann leis na híobartaigh a chrochadh, ná cailligí an deis chun sin a dhéanamh."

Cé gur beag mar chúiteamh dóibh é a bhfuil ag tarlú do

bhuíon Chian, tá an t-ádh ar Iarla agus a fheara nach ar an gconair chéanna atá a dtriall. Is soir ó thuaidh atá aghaidh an Bhrianaigh óig tugtha ó bhain sé féin agus a chomrádaithe ceantar Bhearna na Mallacht amach. Seolfaidh an cúrsa seo iad i dtreo na ngarrán coll ar an taobh ó dheas de Chnoc an Torlaigh agus, ina dhiaidh sin arís, isteach i ndúiche na Foinse Móire. Nuair a bhaineann siad sin amach, beidh siad míle coiscéim soir ar an áit ina mbeidh buíon Chian féin agus beidh bealach oscailte sábháilte rompu le déanamh ar Chnoc na Mainistreach, áit anois ar minice Tobar Phádraic á tabhairt uirthi ó tháinig na Cistéirsigh go críocha Boirne.

Tá grúpa Chian ag druidim le ciumhais na creige mar a theagmhann tailte clochacha Ucht Máma de thailte mhéithe crannmhara an Chorráin Rua, nuair a chloistear gliogarnach mhiotalach i measc na gcloch ar a gcúl. Is ó nádúr a chromann siad ar an bpointe, ansin aimsíonn siad dídean na roschoille atá i ngar dóibh. Iad faoi chlúid ag an duilliúr faoi seo agus déanann Cian má na haolchloiche réshoilsithe a bhreathnú go géar. An tírdhreach á shíneadh féin ó dheas uaidh, é á airgeadú agus á dhuibhiú féin ag aon am amháin, de réir mar atá solas na gealaí ag ealaín le scáintí an dromchla. Scáthanna na hoíche i réim ach gan aon fháth ar leith ag Cian a cheapadh go bhfuil tráth na práinne chomh gar dó is atá.

"Gabhair in achrann leis an gcarraig," arsa Cian, agus seasann sé athuair. Seasann a chomrádaithe chomh maith agus scaoileann uathu gáire na neirbhíseachta. Ró-luath, áfach, a shíleann siad rudaí a bheith ina gceart. Iad díreach casta i dtreo a chéile chun cabaireacht a dhéanamh nuair a thugann na Rua-Bhrianaigh fogha fúthu. Iad fíochmhar fuinniúil ina n-ionsaí, agus faghartha agus fealltach. Iad chomh cliniciúil gasta callóideach sin gur deacair a rá céard is tús agus céard is críoch leis an slad a dhéanann siad, agus fágtar Cian agus a chomhleacaithe fuarshínte ar an láthair.

Tá aon bhall amháin de bhuíon Chian nach bhfuil gan aithne. Caltra – stócach de mhuintir Mhic Con Mara – nach bhfuil ach dhá bhliain déag d'aois. Eisean a bhí mar theachtaire ag Cian agus a chuid fear. Agus sula mbíonn sé de dheis ag duine de lucht Rua Uí Bhriain aon chor uaidh a thabhairt faoi deara, cuireann sé air féin fanacht righin san áit a luíonn sé, le go gceapfar é a bheith ar dhuine de na mairbh. Gan d'fhianaise ar domhan ar rud ar bith a bheith tarlaithe san áit ainnis seo ach scréach na péine a d'eisigh Cian féin uaidh, agus scian á sá go feirc ann. Amach thar chloch, thar shliabh a thaistealaíonn sé mar scréach nó go sáraíonn sé Cnoc an Torlaigh agus Greim Chaillí féin agus sroiseann cluasa Iarla agus a chompánaigh.

"Céard é sin?" arsa Iarla, agus cromann sé agus é á rá. Sméideann sé ar a chomrádaithe déanamh amhlaidh freisin, cé gur ísle iad cheana féin ná eisean. Iad cromtha ar an gcarraig lom, iad ag taobhú leis na paistí úd ar a luíonn scáthanna na hoíche. Is beag eile atá ann le radharc orthu a chealú – an áit gan chrann, gan sceach, gan oiread agus fallaí seal len iad a shlogadh.

"Geonaíl ainmhí san oíche," arsa Riordán, agus taobhaíonn sé lena thaoiseach. Gairbhe ar ghlór an oifigigh agus é á rá sin. Is gairbhe í atá mar fhianaise ar mhéid agus líon na ngártha catha a thug sé uaidh in imeacht na mblianta agus aghaidh ar an uile dhúshlán á tabhairt aige. Amharcann Iarla air faoin leathsholas. Riordán dhá scór bliain d'aois, ar a laghad, síleann Iarla. É de shean-sliocht

Gaelach de bhunús cheantar Deasmhumhan. A mhuintir sin a dhaonraigh sliabh agus gleann i ngach aon tuath den ríocht uasal sin sular ghlac na Gearaltaigh Normannacha seilbh ar a dtailte. Tá a dhintiúir cruthaithe ag Riordán san iomaí cath a throid sé cheana in arm Dhiarmada, agus go minic eile roimhe sin arís in airm mhórán de na ríthe cúige, theas agus thuaidh.

Is dá smior é an seasamh seo leis na Brianaigh. Is fada caint déanta ina chlann féin faoi mar a sheas duine éachtach dá shinsear – Garbhán – go dílis taobh le Brian Boramha féin ar gharpháirceanna Chluain Tairbh Aoine an Chéasta úd i 1014 AD. Is minic inste é gur chuir siad a nguaillí le chéile agus dhíbrigh an Danar isteach sa tsáile ar chósta Duibhlinne. Agus, mar bharr maíte agus dílseachta air sin uile, faoin gcaoi ar chaith Garbhán é féin ar chlaíomh an ionsaitheora chun rí Dál Cais a shábháil ar an bhfeall. Síol de shíolta an tsíl uasail sin é Riordán agus ní thabharfar an t-eitheach dó sin riamh. Agus, d'ar bhronn na blianta de bhuanna air, tá an ghaois go láidir ina measc – gaois nach eol don duine óg mar Iarla. Ach d'ainneoin cháil na gaoise céanna a bheith aige, is minic ráite faoi Riordán an rud ceannann céanna a dúradh faoi Gharbhán roimhe, gurb í an chalmacht is saintréith leis thar aon ní eile.

Amharcann Iarla isteach go diongbháilte i súile glasa Riordáin. Lena n-imríonn scáthanna na hoíche d'ealaín orthu, b'fhurasta a cheapadh gur liath nó donn nó dubh féin iad na súile céanna. Ach is de bheag suntais é dath na súl sin. Is é an tábhacht a ghabhann leo go bhfuil a bhfuil ar domhan den chogaíocht feicthe acu, rud a bhéimnítear fós eile ag rian na ngonta atá le feiceáil ar aghaidh Riordáin, gan trácht orthusan atá faoin bhféasóg rua air.

"Ainmhí?" arsa Iarla.

"Sea, a thaoisigh, ainmhí, agus gan ann ach sin," arsa Riordán, "agus murab ea, is fearr nach mbeadh a fhios againn a dhath eile faoi."

Is é Riordán a bhreathnaíonn isteach ar shúile Iarla an babhta seo. Daingne sa stánadh céanna aige, stadaireacht, ach gan rian den dúshlán ná den easpa measa ann. "Anois, tugaimis aghaidh ar Chnoc na Mainistreach," arsa an leifteanant. "Fútsa atá sé, a Iarla, bua na ceannaireachta is dual duit a léiriú. Fútsa atá sé cáil na mBrianach a bhreith leat isteach sa rud atá romhainn agus an oidhreacht sin a mhaíomh."

Agus súile Iarla i gceangal le súile Riordáin, tagann sraith d'íomhánna chun na hintinne chuige. Gnúis Dhiarmada is túisce a fheiceann sé, ansin samhailt de líníocht ghualaigh d'aghaidh a sheanathar – líníocht a chonaic sé uair amháin riamh cheana, agus é ina pháiste. Agus, ina dhiaidh sin arís, íomhá de Shorcha ansa a chroí. Ach is ina dhiaidh sin fós a fheiceann sé éadan nach n-aithníonn sé beag ná mór. Is éadan seanfhir é, é séimh, é teann. Agus, ina intinn istigh, is ar shúile bána an tseanduine a dhíríonn Iarla aird. Súile iad ina fheiceann an fear óg íomhá eile taobh istigh den íomhá féin – íomhá de long mara ag fágáil cladaigh agus dhá lámh á síneadh féin i dtreo a chéile, ceann díobh ag deireadh na loinge agus an dara lámh ar thalamh slán.

"Tráth ceannaireachta é seo, a thaoisigh óig," arsa Riordán. Is mó gurb é an greim a bheireann Riordán ar ghualainn Iarla ná focail an oifigigh féin a ghriogann an t-ógfhear as an aislingiú. Fad calóige faoin mbladhm sa bhrionglóideach ag Iarla agus, de réir mar a dhíríonn sé lán a airde ar amharc Riordáin athuair, sea déantar cumasc d'íomhá shúile bána an tseanfhir agus súile an oifigigh dhílis.

"Sea, go deimhin," arsa Riordán, "dúshlán duit anois é mianach na mBrianach ionat a léiriú," agus daingníonn sé an greim atá ar ghualainn an Bhrianaigh aige. Leis sin, síneann Iarla amach a chiotóg féin agus leagann lámh ar shlinneán an Riordánaigh.

"An ceart agat, a chara," arsa Iarla. "In ainm uasal na mBrianach."

"Ainm uasal na mBrianach," arsa Riordán ina dhiaidh, agus a fhios ag an Deasmhuimhneach gur dual athar dó é Iarla ar a bhfuil ráite aige.

"Airigí, a fheara," arsa Iarla, agus spionnadh ina ghlór aige, agus tugtar aird air láithreach. "I dtreas singil libh, a laochra, agus cromaigí sa ghluaiseacht. Ar Characair na gCléireach atá ár dtriall agus siar as sin go Cnoc na Mainistreach." Agus leis sin, stopann sé soicind agus breathnaíonn arís i dtreo an Riordánaigh. "Rachaidh mé féin chun tosaigh oraibh agus beidh Riordán ar bhur gcúl." Agus ní beag é méid na sástachta a airíonn Riordán agus iad ag tosú amach ar shleasa íochtair Ghreim Chaillí i dtús an aistir dóibh.

* * *

An maitin ráite ag Père François in éindí le comhluadar na mainistreach i gCor Chomrua. Cé gur Beinidicteach é, is mór mar a airíonn an Francach ar a shuaimhneas ag déanamh paidreoireachta leis na manaigh Cistéirseacha. Go deimhin, más cruinn a chuimhne, is í seo an chéad uair dó a leithéid a dhéanamh ó d'fhág sé a mhainistir féin i Mont St. Michel na Briotáine chun a bheith mar shéiplíneach ag de Clare agus, ina dhiaidh sin arís, ag na Rua-Bhrianaigh. Is boige é an saol aige na laethanta seo ná mar a bhíodh ach, d'ainneoin sin, tá síol éigin ann atá á ghriogadh, á mhealladh ar bhealach éigin i dtreo na rialtachta neamhshaolta a bhaineann le saol na mainistreach. Tá na céadfaí ar bior ann lena n-airíonn sé de bhíogúlacht ó chuir sé cos thar thairseach an tigh bheannaithe seo.

Toisc an cur isteach atá déanta ar ghnáth-imeachtaí na mainistreach ag teacht shaighdiúirí Dhonncha ina measc, tá rial an chiúnais curtha ar ceal ag Ab Nilus d'uaireanta an lae idir maitin agus easpartana don lá seo amháin. Mar thoradh ar an bhfógra seo, tá na manaigh féin mar a bheadh uain óga an Earraigh a bheadh ag preabarnach le ríméad an tsaoil, amhail is go bhfuil siad scaoilte amach le dul pé treo ina roghnaíonn siad, gan srian, gan chosc, gan mhíniú.

Tá sé d'ádh ar Phère François gurb é Benignus caoin atá mar chomhluadar aige ag an mbord sa phroinnteach. Tá a gcomhrá breactha, idir Shacs-Bhéarla agus Fhraincis agus Ghaeilge, le roinnt nóiméad anuas, ach níl aon dá cheann de na teangacha sin go hiomlán ar a thoil ag ceachtar den bheirt. Ar deireadh, géilltear d'aon teanga amháin, an Sacs-Bhéarla, os fearr é eolas Phère François air sin ná an t-eolas atá ag Benignus ar an bhFraincis. Ar chaoi ar bith, síleann Benignus dó féin, cén fáth míchompord a tharraingt air féin agus é san aois ina bhfuil sé. Nach bhfuil François i bhfad níos óige ná é agus é in ann ag míchompord thar mar atá seisean? Anuas air sin, déanfaidh an dúshlán leas an Fhrancaigh maidir le forbairt a charachtair, síleann Benignus.

"Tá seo uile gránna mar ghnó," arsa François. Is mó gur faoina anáil a deirtear sin ná os ard. É á rá ar bhealach gurb é Benignus amháin a chloiseann na focail.

"Gránna, go deimhin, a Phère, mar a bhíonn i gcónaí le gnó ar bith a bhfuil a bhunús sa tsaint agus sa tóir ar chumhacht." Níl Benignus baileach chomh discréideach nó chomh híseal ina chaint is a bhí a leathbhádóir roimhe. "Tá mar atá leis na cianta," arsa an seanóir. "É siúd a fheictear a bheith ag duine amháin, tá tóir ag an duine eile air láithreach, agus is minic gan srian gan trua é sa tóir chéanna. Tá sé dlite don tsaint gan aird a thabhairt ar shrian, a chara liom. Ní heol dá phréamhacha ach tachtchorna na neamhthrócaire."

"Is fíor mar a deir tú, ar ndóigh, a Bhráthair, ach mar sin féin, dá mbeadh an lá ag an ngaois, b'fhéid–"

"An ghaois, a François, agus maithfidh tú dom é an cur isteach seo ar do chaint, ach ní heol do na daoine a bhfuil muide ag caint orthu an ghaois. Ní heol dóibh séimhe ná caoine ná ceann ar bith eile de na tréithe úd a scagann maith ón olc sa saol seo."

Claonadh cinn ag an bhFrancach lena chomrádaí boird, ansin miongháire leis ar mó den fháisceadh ná den oscailteacht é. Ach is léir comhartha na hurraime i leith an tseanfhir ar éadan an Fhrancaigh.

"Níl muide in adharca a chéile ar chor ar bith, a Phère," arsa Benignus. "Is maith mar a thuigimid sin. Tá dualgas de chineál amháin ormsa agus dualgas de chineál eile ortsa, agus is cinnte gur mó i bhfad é an t-ualach atá á iompar agatsa sa dualgas sin. Táimid beirt ag freagairt do thoil an Chruthaitheora ach, anuas air sin, tá ortsa freastal ar dhaoine daonna a bhfuil máchail na daonnachta orthu.

Luigh ar na cranna foirtil, a chara liom, agus guímis nach é an rud uafar a cheapaimid a bheith romhainn sa chath atá le teacht an rud a thiteann amach i ndeireadh na preibe."

"Ach, a Bhráthair, airím go bhfuil teipthe orm i mo dhualgas cheana féin."

"Teipthe, a deir tú?"

"Sea, a Bhráthair. Agus sinn ar bhruacha Loch Reasca ar ball, chuir Donncha ceangal an ghealltanais orm go ndéanfainn a neacht, Sorcha, iníon le Mathún, a bhreith liom ó thuaidh as Béal an Chloga go tigh Skerrett i gceantar Fhionaigh Bheara, áit a mbeidh sí slán ar an anbhroid. Ansin, tar éis dúinn codladh a chur dínn sa teach sin, tá mé faoi stiúir aige í a bhreith liom ó thuaidh arís, roimh éirí na gréine, go tigh an Normannaigh Richard le Blake sa Ghaillimh."

"Bhuel, a Phère, más hin é treoir do mháistir duit, is é sin a chaithfidh tú a dhéanamh."

"Ach nach ndúirt tú féin ar ball beag, a Bhenignus, gur mó é ár ndualgas dár dTiarna Íosa Críost agus do Dhia na Glóire féin ná d'aon mháistir saolta?" Breathnaíonn sé go tréan ar éadan bán an tseanmhanaigh. Tá a fhios ag an bhFrancach go bhfuil go leor smaoinimh ar siúl ar chúl na súl dall ag an seanóir. "Airímse, i ndáiríre, gur cóir dom a bheith taobh le saighdiúirí Dhonncha agus iad ag dul chun catha," arsa François, "mar, i ndeireadh an lae, céard é is fearr mar dhílseacht don Chruthaitheoir féin ná go mbeinn ar an láthair chun peacaí na dtroitheach a mhaitheamh dóibh agus iad i ngar don bhás?"

"Tá uaisleacht sa mhéid a deir tú, a Phère, ach é neamhbhreithnithe agat ag an am céanna, is dóigh liom. Tá a fhios againn cheana féin go bhfuil do mháistir saolta,

Donncha, faoi dhíon an tí seo faoi láthair. Samhlaigh mar a bheadh dá mbeadh a fhios aige go ndearna tú neamhaird lom den rud a d'iarr sé ort a dhéanamh. Rud nach eol duit ná d'aon duine eile is ea gur tháinig léargas chugamsa i bhfoirm físe i ndoircheacht na hoíche."

"Fís!" Is mó gur ganfhiosaíocht seachas díchreidmheacht atá le sonrú ar fhocal aonair François. Ní hionann a chás ar chor ar bith agus comhluadar na mainistreach, arae, níl trácht ná tuairisc cloiste aigese ar bhua Bhenignus.

"Sea, fís, a chara." Stopann Benignus dá chaint soicind nó dhó, é ag déanamh a mharana ar an gcóir dó gach a bhfaca sé san fhís a nochtadh. An cóir dó insint faoi theacht le chéile na leannán óg? Cinneann sé gur fearr gan sin a dhéanamh. Measann sé gur leor é a bhéimniú do François gurb é an cúrsa ceart aige é toil Dhonncha a dhéanamh agus Sorcha a bhreith leis ó thuaidh chun na Blácaigh.

"*Parfois, mon ami ...*" arsa Benignus, agus is mó gur den imfhios iad na focail Fraincise uaidh ná de rud ar bith eile, agus leanann sé dá chaint i mBéarla, "sa mhéid is gur tír í seo inar deacair fós an rud Críostúil agus an Phágántacht a scagadh óna chéile, is fearr meas a léiriú ar an rud tuarúil i gcónaí."

Baineann ráiteas seo an tseanfhir siar beag as François. Níl ann ach tamall gearr d'uaireanta ó shin ó d'éist sé le Donncha ag tabhairt ró-ómóis, dar leis féin, don taobh dorcha. Agus anois an rud ceannann céanna ag an bhfear naofa, Benignus. Ach ní féidir le François a bheith beag beann ar fhocail an tseanmhanaigh.

"An bua seo agam, a Phère, ní den taitneamh é ach den dualgas. Ní hé mo roghasa é go bhfeicfinn na nithe seo ach rogha an Chruthaitheora. Ní fúmsa atá sé ceistiú a dhéanamh nó diúltú don méid a léirítear dom."

Tost. I gcás François, is tost é seo a cheadaíonn dó an méid atá ráite ag an manach leis a mheas. Maidir le Benignus féin, tuigeann sé a dhéine agus atá sé ar dhuine a bhfuil diongbháilteacht an chreidimh Chríostúil ann, mar atá ag François, glacadh le fírinne na físe atá feicthe aige. Is é fad an tosta féin a ghriogann Benignus chun cainte athuair.

"Cé nach den domhan saolta seo í, a Phère, ní chóir neamhaird a dhéanamh de Dhuairceas na Boirne. Go deimhin, nach amhlaidh atá i gcás an Chruthaitheora féin? Tá sé léirithe acu beirt dom san fhís cheannann chéanna mar a dhéanfar sléacht agus mar a fhágfar sínte marbh breis agus a leath díobhsan a shiúlfaidh ar mhá an áir chun aghaidh a thabhairt ar a chéile. Agus maidir leosan a thiocfaidh slán as, más slán a bheidh, beidh an oiread sin de mháchailí coirp orthu is gurbh fhearr i bhfad dóibh féin go rachaidis ar shlí na fírinne ar láthair an chatha ná go mbeadh orthu a mbeidh de hainimhe orthu a iompar an chuid eile dá saol."

Is mó go n-eisítear an ráiteas as béal Bhenignus seachas é a bheith á rá dá thoil féin. Casann sé a chloigeann i dtreo an Bheinidictigh. "Má loiceann tú ar d'fhocal, a François, i leith an ghealltanais do thugais do Dhonncha maidir le sábháilteacht a neachtsa, is cinnte go mbeidh do chorp féin le háireamh i measc na gcorpán a thiteann faoin gclaíomh."

Níl impleachtaí fháistine Bhenignus imithe go hiomlán i gcion ar François nuair a labhraíonn an manach fós eile. "Agus ní hin amháin é, a Phère, ach beidh an Bhantiarna Sorcha féin i measc na marbh."

Tost arís eile. Tá dúbailt méid na himní ag luí ar intinn

François ag an bpointe seo. Ní hamháin go bhfuil air teacht chun réitigh intinne lena bhfuil ráite ag Benignus leis ach, anuas air sin anois, tá ualach an chinnidh atá le déanamh aige ag luí air. Tá sé beag beann ar chúrsaí ama agus an chruacheist á cíoradh ina intinn aige. Murach an tranglam intinne a bheith air, is cinnte nár mhó tábhacht é rud ar bith ná an t-am féin. Ar deireadh, is dá neamhthoil féin a thagann sé ar chinneadh.

"Mo bhuíochas leat, a Bhenignus," ar sé. "Tá gach adeir tú iomlán ceart. Béarfaidh mise an bhantiarna óg liom caoldíreach ó thuaidh as seo, agus fágfar na cnocáin Bhoirne inár ndiaidh." Agus, de luas-sraith gluaiseachta, seasann sé, pógann deasóg an tseanmhanaigh agus bailíonn leis lom glan as an láthair.

"Go dté tú slán, a Phère," arsa Benignus, d'ainneoin fios a bheith ag an seanfhear go bhfuil François bailithe leis cheana féin. Agus leis sin, sleamhnaíonn Benignus a lámha isteach i muinchillí leathna na casóige air agus cromann a cheann chun sábháilteacht na beirte a ghuí.

Agus é i lár urnaí, gabhann fís fhuar ghránna lán a mheoin, í ag cur isteach gan choinne ar thráth seo na hionúine idir é agus an Cruthaitheoir. Ní mó ná néalta dubha scuabacha ar chúl na súl ar dtús é. Ansin, íomhá éadain chuige. D'ainneoin é a bheith chomh dall le cloch, tá a fhios ag Benignus láithreach gurb é aghaidh François atá chuige san fhís. Cuma mhílítheach corraitheach ar ghnúis an Fhrancaigh agus súile a chinn lán beo den scéin.

Leis sin, amhail is gur trí shúile François féin a léirítear é, feictear íomhá de mholl urrógach ceathairchosach – é dubh urghránna sceonmhar – á ardú féin dá chreach i gceann de chillíní na mainistreach. Anois is aonad iad

Benignus agus François sa rud a léirítear dóibh. Súile an daill agus súile an fheiceálaí i dtiún le chéile agus, faoina ndearc, feiceann siad Feardorcha ag cúlú ón scrios tréasúil treascrach atá déanta aige ar Shorcha na geanmnaíochta. Déanann Feardorcha a chloigeann a chaitheamh siar go buacach agus eisíonn sé glam an fhiántais amach san oíche.

"*Non*," arsa François, a dhá shúil ar leathadh le hiontas ag a bhfeiceann sé ina láthair.

"Ná habair!" arsa Benignus, é fós ag bord an phroinntí. Tá fad leis an mbaicle focal agus é á heisiúint as a scámhóga. Éiríonn sé de dheifir, tréigeann an proinnteach láithreach agus déanann a bhealach de rúid thar cholúin stuacha an chlabhstra nó go sroiseann sé doras an chillín a léiríodh dó san fhís.

"A Fheardorcha," arsa Benignus, é anois ina sheasamh idir dhá ursain doras an chillín, agus gile ghéar a dhearcaidh ag baint lán na súl d'Fheardorcha. Leathdhuine, leathghadhar é an t-oifigeach. É ina staic i láthair an mhanaigh roinnt soicindí, ansin cúlaíonn sé agus brúnn a dhroim go láidir in aghaidh bhalla chúil an chillín. É righin ann féin, é faoi ceangal ag súile Bhenignus.

"A Phère François," arsa Benignus, agus gan an stánadh atá á dhéanamh aige ar Fheardorcha á bhriseadh, "tóg leat an Bhantiarna Sorcha agus imigh, díreach mar a labhair muid air ar ball."

Cheana féin, tá Sorcha éirithe den leac chloiche ar a raibh sí i ngreim ag Feardorcha ar ball beag. Í croite, a héadan agus a géaga fuilteach i ndiaidh na héigní, a cuid éadaí stróicthe sraoilleach. Ach dóthain gaoise agus dóthain teacht aniar inti cúlú ó Fheardorcha agus dul i dtreo an dorais.

"Beir leat í agus imigí láithreach, a François" arsa Benignus, agus a stánadh ar Fheardorcha á choinneáil aige i gcónaí.

"Ach, a Bhráthair," arsa François, é ag ceapadh go mbeidh tragóid eile fós ann má fhágann sé an seanfhear ina aonar leis an neach dorcha.

"*Allez! Allez deux!*" arsa an manach, agus gach cur ina choinne á dhíbirt aige. D'aon ghnó a bhaineann Benignus úsáid as teanga dhúchais an tsagairt – é sin le go dtuige sé nach nglacfar le haon diúltú. "*Immédiatement!*" arsa an dall.

Umhlaíonn François i láthair an tseanóra, baineann de a fhallaing olla féin agus leathann thar ghuaillí Shorcha í.

"*Mademoiselle,*" arsa an t-eachtrannach, agus déanann sé an ógbhean a thionlacan as an gcillín. Agus táid imithe.

Doras an chillín druidte anois agus gan istigh ach beirt. Agus leis sin, eascraíonn fuaim gheonaíola ón rud leathainmhíoch atá cromtha in aghaidh bhalla chúil an chillín. Tá a fhios ag Benignus go bhfuil an créatúr gar do bheith ceansaithe ag an gcumhacht dhochreidte atá seolta chuige. Tá léithe chloiche in éadan an mhanaigh, é righin, é stóchúil, é níos gaire don marmar ná do ní ar bith eile. Ansin, agus gan aon choinne leis, borrann fuinneamh úr aníos trí chorp an tseanóra, é ag cúrsáil tríd an uile bhall de nó go n-éalaíonn sé as trí logaill na súl. Scairdtear solas ar fud an tseoimrín – é níos gile ná an lá féin – agus tosaíonn Feardorcha ar a chosa a oibriú go fraochta in aghaidh an urláir chré agus é ag cuardach dídine i ndoircheacht cheann de chúinní an chillín.

Tá féintoil Bhenignus scartha óna chorp ag an bpointe seo. Gan aon smacht aige ar a dhéanfaidh nó nach ndéanfaidh sé. Dá dtoil féin a chasann a shúile caocha i dtreo an mhill dhuibh mheataigh – iad loiscneach, iad dóiteach, iad ag cur ar an ní seo, ar saighdiúir agus gadhar ag an am céanna é, cúbadh os a chomhair. Is ansin a éiríonn boladh an dó ar an aer. Ní boladh adhmaid ná boladh duilliúir é seo, ach boladh feola. Agus, in áit na geonaíola a bhí ann ar ball beag, tagann scréach an babhta seo. Ach tá Benignus go hiomlán faoi ghreim ag an gcumhacht anaithnid seo, é neamhthrócaireach, neamhaithneach. Feardorcha á róstadh ag an teas, é ar éadreoir ar fad lena bhfuil ag tarlú dó. Ardaíonn sé a chloigeann chun breathnú ar an seanóir agus is uafar ar fad an feic é Feardorcha. Cheana féin tá tréithe aghaidh an ainmhí-fir scriosta, iad leáite ag fíochmhaire an teasa. A luaithe agus a cheanglaíonn súile na beirte dá chéile eisítear sruthbhladhm solais eile as blaosc an mhanaigh, ansin scuabann an solas leis trína chorp ó bhonn go baithis. Scréach an uafáis as Feardorcha agus é thairis féin le scaoll faoina bhfuil chun tarlú dó. Cúbann sé níos mó isteach air féin, é á réiteach féin don il-loscadh, nuair a bhriseann an tAb Nilus doras an chillín isteach in éindí le beirt eile de na manaigh óga, agus seasann siad triúr idir dhá ursain an dorais.

"Dóthain de seo, a Bhenignus, dóthain adeirim," arsa Nilus go lom, na focail uaidh mórán mar a bhí ag Donncha ar ball nuair ba chás leis sin srian a chur ar Fheardorcha. "Cuirim ceangal ort cúlú, a Bhráthair," arsa Nilus.

De thobainne a dhíbrítear an solas as súile an tseanmhanaigh agus titeann a ghuaillí go faon éineartach lag. Sméideann Nilus ar dhuine dá bheirt chompánaigh Benignus a thionlacan glan as an gcillín. Ní túisce iad imithe nó dúnann an tAb an doras ina ndiaidh, sméideann ar an dara manach fanacht mar atá agus druideann sé féin go mall i dtreo an mhill dhuibh. Cromann sé taobh leis an ainmhí-fir, leagann méara a dheasóg faoi smig an chréatúir agus ardaíonn an cloigeann scriosta le go mbéarfar air ag gathanna na gealaí atá á scairdeadh isteach trí bharraí an fhuinneoigín. Freangann Nilus ag a bhfeiceann sé. Liothrach dubh driopartha feola, a bhfuil cruas ag teacht uirthi cheana féin. Gan tagtha slán ar an loscadh ach súile an chinn – iad domhain dorcha drochthuarach. Iad ag breathnú amach as gránnacht an chloiginn agus aireachas iontu nach bhfógraíonn maith.

"Faigh pluid, a Bhráthair," arsa Nilus, agus ní dhéanann sé oiread agus casadh i dtreo an mhanaigh óig. "Pluid agus báisín uisce leis." Tá an t-ógfhear díreach ar tí doras mór darach an chillín a oscailt nuair a bhaineann gleo aisteach éigin siar as. Gleo ainmhíoch, síleann sé, níos mó ná rud atá daonna ar bhealach ar bith. Casann sé athuair agus ansin roimhe, os a chomhair amach, áit a raibh Feardorcha ina mholl méirscreach cúpla soicind roimhe sin, seasann sé ina ghadhar mór ceathairchosach athuair. É dána dubh – níos duibhe ná doircheacht na hoíche féin – agus airde fhathaigh fir ann. Agus, as an nua, is iad tréithe aghaidh an oifigigh a rinne Benignus a cheansú ar ball beag atá le sonrú ar an éadan athuair.

Fuaim eile as an neach dubh ach, an babhta seo, ní scréach é ach gnúsacht de chineál – gnúsacht a bhfuil an drochthuar ann – agus nochtar starrfhiacla a mbeireann solas na gealaí ar a mbáine orthu, agus táid géar faoin solas céanna, táid bagrach. Iad méadaithe go mór ag imeartas an tsolais agus scáthanna ar a chéile. Tá súile an mhanaigh óig ag cur thar maoil i logaill a chinn lena bhfuil d'fhaitíos air. Tosaíonn sé ar chúlú i dtreo an dorais.

"Ná corraigh, a Bhráthair," arsa Nilus leis, a ghlór lán d'amhras agus d'fhaitíos agus é á rá. "Is fearr nach nd–"

Gnúsacht eile fós ón ainmhí-fir a chuireann stop le caint an Aba, é níos bagraí an babhta seo ná mar a bhí roimhe. Agus cúlaíonn Nilus féin chomh fada siar leis an áit ina bhfuil a chomrádaí. Ansin, amhail is gur athrú meoin ag an ngadhar é, claonann an t-ainmhí a cheann ar bhealach caoin cineálta. Cnúdán bog a eisíonn sé an uair seo, é difriúil ar fad thar mar a bhí an bhagairt a bhí á déanamh go dtí seo. Cnúdán den dara huair, agus síneann an t-ainmhí a dhá lapa tosaigh amach roimhe agus íslíonn a cheann orthu. Ní hann a thuilleadh don draid bíse, ní hann a thuilleadh don bhagairt, is cosúil. An tríú cnúdán uaidh, ansin díríonn an t-ainmhí a shúile ar Nilus. Tá séimhe cinnte san amharc nach raibh ann go nuige seo. Agus tá sé de ghaois ag an Ab a thuiscint gur beag é an dainséar, más fíor gur séimhe é an rud a fheiceann sé. Agus murab ea, go deimhin, ní dóigh leis rudaí a bheith aon phioc níos measa ná mar a bhí go dtí seo.

Go mall cáiréiseach is ea a bhogann Nilus i dtreo an neach, agus tá súile an mhanaigh óig á mbreathnú. Cnúdán fós eile ón ainmhí, ansin casann é féin ar a chliathán agus Nilus ag teacht i ngar dó, agus tá súile an mhanaigh óig á mbreathnú. Céim nó dhó eile agus casadh eile coirp ag an ainmhí. Agus anois tá sé go hiomlán ar chlár a dhroma, é géilliúil, é ag mealladh an Aba chun fionnadh a bhoilg a chuimilt, agus tá súile an mhanaigh óig á mbreathnú. Ainmhí, bolg, manach, súile, breathnú. Agus, de chasadh boise, nó níos tapúla ná sin, fiú, nasctar siúl agus súil agus casadh le chéile in aon ghníomh amháin agus preabann an t-ainmhí aníos de luas doilfe, scarann dá ghiall a bhéil óna chéile, ansin dúnann go daingean láidir arís iad ar an leath íochtair de lámh an Aba. Téann na fiacla isteach go teann san fheoil leathbealach idir uillinn agus rosta agus stróictear an leathghéag le prap den chuid eile den lámh. Scréach sciúrsach nimhneach fhraochta ón Ab agus gluaiseann sé le mire trasna urlár an chillín, é á chaitheamh féin go mearchiallach in aghaidh bhalla amháin agus as sin arís in aghaidh bhalla eile. Agus, ar feadh an ama, seasann an t-ainmhí – an t-ainmhí-fir – go mór ard díreach ag féachaint ar a bhfuil ag tarlú. Agus tá súile an mhanaigh óig á mbreathnú.

Beireann righneas tobann ar chorp an Aba agus stopann sé den ghluaiseacht soicind nó dhó i lár an chillín, ansin tosaíonn ar ghuairneán foiréigneach a dhéanamh ar an láthair ar feadh tamaill. Ansin righneas athuair ar feadh tamaill bhig eile. Agus ar deireadh, titeann an tAb fuar marbh, tóin i ndiaidh a chinn ar an urlár. Tagann an neach dubh chuige agus seasann os cionn an choirp. Cuireann an t-ainmhí cruit air féin agus tosaíonn ar lapaireacht a dhéanamh ar dhraoithe liatha gruaige an Aba. Agus tá súile an mhanaigh óig ag breathnú air seo uile.

Sea, súile an mhanaigh óig ag breathnú air seo uile. Agus casann an t-ainmhí-fir agus nascann a shúile agus súile an bhráthar aonair dá chéile, agus is léir an sceimhle ar aghaidh an ógfhir agus a dhroim dianbhrúite le doras dúnta an chillín anois aige. Claonann an neach dorcha a cheann, é mar a bheadh sé fiosrach faoin a fheiceann sé os a chomhair amach. Airíonn an manach creathán ag dul trí'n uile bhall dá chorp, é mar a bheadh sé ag cúrsáil trí smior na gcnámh ann nó go dtréigeann sé arís é. Dhá ghiall an ainmhí ar leathadh athuair, starrfhiacla an bhéil chomh mór géar bagrach agus a bhí cheana agus, de thobainne, déanann ingne fada feanntacha iad féin a shíneadh amach as lapaí tosaigh an chréatúir. Is mó is cosúil é an t-athchló seo le nádúr chait ná ghadhair. Agus tá an manach óg á bhreathnú agus an scéin á húscadh as an uile phór dá chorp ... agus fanann ... agus faireann ... agus freangann.

Cruit á cur air féin arís ag an ainmhí agus is airde ina sheasamh ceathairchosach anois ná riamh é. Airíonn an Cistéirseach drithliú fad a chos chlé síos, ar meascán é den teas agus den bhfliuchras. Agus, leis sin, foighdeán. Foighdeán agus stialladh. Agus go fraochta ina dhiaidh sin, stialladh i ndiaidh stiallta. Agus a bhfuil ag tarlu, tá sé fíochmhar, tá sé fealltach, tá sé marfach. Agus tá faireachas an mhanaigh óig thart, agus an chuisle ina ciúin.

Cúlaíonn an t-ainmhí rud beag agus breathnaíonn ar an mballa os a chomhair amach. É ina fheic draoibil ag a bhfuil d'fhuil agus d'inní smeartha air ó bhun go barr. Ansin, druideann sé i dtreo an bhalla, é beag beann ar an tsiúl a dhéanann sé ar chorpán an mhanaigh óig, agus tosaíonn ar fhliuchras an bhalla a lí. An chloch á lí le flosc aige agus ní fada é ina bhun sin nó nach mbíonn an rian is lú ar domhan den sléacht fola le feiceáil ar an mballa, agus gach a bhí ina dhearg ar ball beag, tá sé ina liath athuair.

Bogann an neach go lár an chillín agus íslíonn é féin go hurlár sa chaoi go luíonn sé béal faoi idir dhá chorpán na manach. Tamall dó mar sin, é ag lí na lapaí, é ag oibriú a theanga go dícheallach idir na hingne chun a bhfuil d'fheoil i bhfostú eatarthu a scaoileadh. Agus nuair atá sin déanta aige, luíonn sé ar leataobh agus eisíonn fuaim uaidh nach crónán ná gnúsacht é, ach rud atá idir eatarthu. Ansin síneann sé na géaga tosaigh agus cúil agus, de réir mar a dhéanann sé sin, tá athchló eile ina thús le sonrú air. Cuma dhifriúil ag teacht ar na géaga agus cruth daonna anois ag teacht orthu seachas cló ainmhíoch. Agus san athrú chló feictear foirm chorp Fheardorcha á chumadh féin athuair. Súile fir air as an nua, iad go heiteallach i logaill chinn an oifigigh dhorcha agus níl fágtha den ainriocht ach go bhfuil cuma leáite ar a éadan i gcónaí. Agus, de réir a chéile, géilleann corp seangaithe an duine don iarracht atá déanta aige, agus dúntar súile ...

Osclaítear súile Bhenignus go tobann i gcearn éigin eile den mainistir. Tá gach a tharla sa chillín i ndiaidh do Nilus é a dhíbirt feicthe ina intinn aige. A fhios aige go bhfuil Ab na mainistreach agus a chomhleacaí óg sínte marbh. A fhios aige, leis, go bhfuil cuisle thréan na beatha ag preabarnach i gcorp Fheardorcha i gcónaí agus nach dada é a bhfuil tarlaithe an oíche seo i gcomparáid lena bhfuil le teacht. Titeann néal an chodlata air de réir a chéile agus déanann a chaipíní troma báine a shúile a cheilt ar an saol lasmuigh.

9

An mhaidin ina luath-thosach. Laige ghathanna na gréine ag iarraidh ceobhrán an Fhómhair a dhó nuair a thagann Iarla agus a bhuíon a fhad leis an gconair idir dhá shliabh ar a thugtar Carcair na gCléireach. Is beag caint atá déanta ag na fir le chéile le míle coisméig siúil nó mar sin. A ndúthracht tanaithe ag taise na hoíche agus, d'ainneoin an uair an chloig sosa a ghlac siad ag Greim Chaillí ar ball beag, is beag a rinne an t-aistear fada lena spiorad a ardú. An talamh garbh fúthu agus an choisíocht neamhchinnte ar fad. Boinn na gcos orthu á bpolladh de shíor ag na clocha spiacánacha ó d'fhág siad Gleann an Chlaib agus, murach iad a bheith i ngar do Thobar Phádraic ag an bpointe seo, ba dheacair dóibh leanacht den tsiúl. Buíochas le Dia, nuair a bhainfear sin amach beidh bia agus deoch ann dóibh agus, toisc nach eol dóibh an chríoch a bualadh ar an mbuíon fear eile, tá siad fós ag súil go mór le Cian agus a chomrádaithe a fheiceáil.

Ina mbeirteanna agus a dtriúranna a sciúrdaíonn siad trasna na conaire ag Carcair na gCléireach, ansin caitheann siad iad féin thar chlaí isteach sa gharraí ina bhfuil Tobar Phádraic féin. Gan fágtha anois chun an trasnú a dhéanamh ach Riordán. É díreach ar tí an rúid a dhéanamh nuair a chloistear tormán, ansin feictear scata ar bhóthar an chósta thíos, gar do Ros Sáile, agus iad ar a mbealach soir i dtreo Chinn Mhara. Ochtar marcach, nó deichniúr, b'fhéidir, iad mar gharda ar an bhaigín clúdaithe atá ina lár. Tá gluaiseacht fúthu, iad ag scinneadh leo trí'n eadarsholas úd nach eol dó féin an leis an mhaidin nó an oíche a bhaineann sé. Cromann an Riordánach agus ligeann dóibh an tslí a thaistil gan é a fheiceáil. Caitheann sé súil siar soicind ar an treo as ar tháinig sé lena chinntiú nach bhfuil aon duine sa tóir orthu. Leis sin, trasnaíonn sé an bóithrín gan a thuilleadh moille.

"Táimid ceart, a thaoisigh," ar sé le hIarla, ar shroisint an chuid eile dó. "Na marcaigh sin, tá fuadar aisteach fúthu."

"Tá agus an-fhuadar, a Riordáin," arsa Iarla, "ach ní cás linn sin." Tá deimhneacht agus daingne i gcaint Iarla. Ach, ar ndóigh, níl oiread agus smid de thuairim aige gurb í Sorcha agus an sagart Francach atá faoi chlúid sa bhaigín a d'imigh an treo. "Anois, a fheara," ar sé, agus súil á caitheamh aige le bruach beag faille ar Chnoc na Mainistreach, áit a bhfuil puithín beag deataigh á sheoladh amach ar an aer, "ar aghaidh linn go Tobar Phádraic. Is cosúil go bhfuil Cian agus a chuid fear ann romhainn."

"Is cosúil go bhfuil," arsa Riordán, agus súil cham á caitheamh aige leis an sruth lag deataigh, "ach, más rian d'iarracht ar thine a dhéanamh é sin thuas, ní bheidh siad mórán níos teolaí ná muid féin." Déanann an chuid eile sciotaíl ar a chloisteáil seo dóibh. "Agus murab iad atá ann romhainn, a thaoisigh," arsa Riordán, "caolsheans go dtiocfaidh siad ar chor ar bith ag an bpointe seo."

Baineann Riordán agus Iarla lán na súl as a chéile. Eascraíonn a bhfuil ráite ag an oifigeach as a sheantaithí mar shaighdiúir agus as an tuiscint atá aige ar réalachas na cogaíochta. I gcás Iarla, is é atá ann ná míchompord toisc focail a bheith curtha ag an oifigeach ar an smaoineamh atá ag taibhsiú isteach is amach trína intinn féin ó thús na hoíche. Is é an taoiseach óg a bhriseann ceangal na súl eatarthu.

"Bogaimis, a laochra," ar sé, agus téann sé chun tosaigh orthu. Is éascaí i bhfad é a ngluaiseacht trí'n raithneach ná mar a bhí acu in imeacht na hoíche, uair a raibh sciollach an tsléibhe fúthu. Iad i bhfoisceacht leathchéid coiscéim den mbruach beag faille nuair a ardaíonn Iarla a dheasóg agus cuireann stop le siúl na bhfear. "A Riordáin," ar sé, agus é ag glaoch an oifigigh chuige.

Tá a fhios ag an leifteanant láithreach a bhfuil le déanamh aige. Tagann sé a fhad le hIarla, ansin gluaiseann amach roimhe agus é ag cromadh leis sa tsiúl. Leathscór coiscéim siúlta aige, b'fhéidir, nuair a stopann sé, ardaíonn a chloigeann thar chiumhais na raithní, cuireann a dhá lámh fháiscthe lena bhéal agus eisíonn gleo ar meascán é d'fhead agus de ghlao. Ansin íslíonn sé é féin arís faoin raithneach agus fanann socair tamaillín. Gan aon fhreagra air. Seasann sé arís, déanann díreach mar a rinne sé an chéad iarracht agus ar ais leis faoin bhfásra den dara huair. Gan gíog ná freagra ón áit thuas fós eile. Breathnaíonn Riordán siar ar Iarla agus sméideann an t-ógfhear air triail eile a bhaint as. Tá an t-oifigeach díreach ar tí an tríú fead a ligean nuair a chloistear freagra ar an dara glao. É íseal lag mar iarracht, ach is cinnte gur freagra é. Agus leis sin, feictear geospal de dhuine ag breathnú amach go faiteach thar chiumhais na carriage, áit a bhfuil Tobar Phádraic.

"An tú atá ann, a Iarla? An é sin tusa, a Riordáin?" arsa an glór go bog.

Aithníonn Riordán an glór láithreach. Caltra, stócach de chlann Mhic Con Mara atá ann agus, a luaithe agus a thuigtear sin don chomhluadar thíos, preabann Riordán agus an chuid eile aníos as an raithneach agus béiceann amach ar ard a ngutha. Is beag nach dtiteann Caltra bocht i laige lena bhaintear de gheit as agus tá na saighdiúirí thíos sna trithí faoi sin cheana féin.

"Sinn féin amháin, a bhuachaill," arsa Riordán. "Bí ar do shuaimhneas, a Chaltra, a mhic. Beimid chugat i gceann cúpla nóiméad." Agus leis sin, tugann an buíon fear faoin gcnoc a dhreapadh, agus fuinneamh iontu thar mar a shíl siad a bheith fágtha ina gcoirp.

* * *

Níos faide ó dheas air sin uile tá drong eile a bhfuil a rian fágtha orthu ag cruatan mháirseáil na hoíche. Cé go bhfuil Coill an Áir, gar do Pholl a' Phúca, curtha díobh ag arm Dhiarmada, ba dhian mar a chuaigh an choisíocht orthu i measc stumpaí na gcrann sa cheantar sin. Go deimhin, fuair siad dromchla na talún gach pioc chomh hachrannach is a bhí sciollach Ghreim Chaillí thuaidh ina chruatan ag buíon Iarla. Sos á ghlacadh ag Diarmaid agus a chuid tamaillín. Iad gar go maith do Cabhail Sailí, áit a bhfuil gabhlú sa bhóthar, agus iad i bhfoisceacht míle coiscéim siúil de mhainistir na Cistéirseach cheana féin. Bhí sé ina intinn ag an taoiseach ó thosaigh siad amach níos luaithe go mbeadh gá le scíth a ligean nuair a shroichfidis an pointe seo. Ach iad ar tí tosú ar an ngiota deiridh den aistear anois agus gan a fhios acu an ar bhealach a mbuachana nó a mbasctha atá siad.

Agus is é an dála céanna ag trúpaí an áibhriseora ó thuaidh é. Tá na huaireanta an chloig caite ag lucht Rua Uí Bhriain leis an gcrágáil ar a mbealach dóibh go

Cor Chomrua. I ndoircheacht na hoíche a thosaigh siad amach as Coill Siúdaine – an choill cheannann chéanna ina bhrúigh Conchúir Ó Briain an phuth dheiridh as a scámhóga, tá leathchéad bliain roimhe seo. A gcuid troithigh tuirsithe go maith ag an iarracht cheana féin. Scíth glactha acusan ar ball beag cois cladaigh ag Béal an Chloga ach iad anois i bhfoisceacht chúig scór coisméig siúil de bhallaí na mainistreach. Fad bealach an chasáin chun na mainistreach, tá raidhse bogshifíní a tumadh in ola níos luaithe san oíche, agus iad anois lasta agus ag scairdeadh solais fad na conaire. Scáthanna ag ealaín leis an solas agus iad á sníomh féin go diamhrach ar a chéile.

"Saighdiúirí Dhonncha chugainn. Bainigí na trasbhíomaí de na geataí," a bhéiceann duine de bhuíon Fheardorcha atá taobh istigh de bhallaí na mainistreach cheana féin, ó tháinig siad ann níos luaithe.

Agus téann focail an tsaighdiúra i bhfad amach ar aer na Boirne nó go gcloiseann Diarmaid agus a bhuíonsa iad chomh maith. Iad féin gar go maith ar shála lucht Rua Uí Bhriain agus gan níos mó ná cúig chéad coiscéim idir an dá bhuíon. Cromann Diarmaid agus a gcuid ar chloisteáil na bhfocal dóibh, ansin scinneann siad leo thar chlaí ar dhá thaobh an bhóithrín, le nach bhfeicfear iad. Tamall mar sin dóibh nuair a éiríonn siad arís agus tagann go lár na conaire athuair.

Seasann Diarmaid ag ceann na buíne. "A laochra Thuadhmhumhan, a Bhrianaigh," ar sé, agus bogann súile a chinn ó dhuine go duine agus é á rá. "Mórtas cine, a fheara," ar sé, agus tá a fhios aige gur ciallmhaire a bheith tíosach lena fhocail ach gur gá a bheith láidir stuama ag an am céanna. Cibé a deireann sé, tuigeann sé go gcaithfidh gach aon fhocal uaidh croí an uile éisteora a sheasann os a chomhair a ardú, a líonadh, a mhisniú don rud atá amach rompu. "Tá an mhainistir Cistéirseach bainte amach ag na Rua-Bhrianaigh agus tá fáilte rompu ann thar mar a bheadh romhainne. Ach thuig muid sin ó thús, a fheara. Tá fábhar ag bráithre na mainistreach leis na Rua-Bhrianaigh ó aimsir Chonchúir. Ach cuimhnimís, a fheara, nach bhfuil aon rún oilc againne leis na manaigh ná acusan linne. Pé rud a thiteann amach idir seo agus deireadh an áir atá le teacht, ná bíodh sé le rá faoi oiread agus saighdiúir amháin dár dtaobhsa gur ardaíodh claíomh nó sleá le duine de na manaigh. Is uaisle i bhfad ár ngníomhartha ná go ndéanfaimis sin. Agus is mó agus is ionraice ná sin muid chomh maith. Agus sin é a deirim libh."

Breathnaíonn fir Dhiarmada ar a chéile. Monabhar na cainte eatarthu agus gan sa chaint a dhéanann siad ach aontú leis an uile fhocal atá ráite ag a dtaoiseach.

"Ach go fóillín beag, a laochra Thuadhmhumhan," arsa Diarmaid, agus aird na bhfear á tarraingt chuige arís, "trasnaimis na garrantaí seo thall agus cuirimis fúinn go ceann scaithimhín ar bhruach thuaidh Loch an Mhóinín. Go deimhin, nárbh é a shocraigh muid roimh fhágáil an bhaile féin dúinn, agus láthair an chatha ar ár n-eolas roimh ré againn, go gcuirfimis beirt theachtairí amach uainn as an áit seo. Go Tobar Phádraic a rachaidh an chéad duine díobh lena rá le hIarla go bhfuilimid tagtha chomh fada seo. Ansin, ar ball, an dara teachtaire go Donncha féin sa mhainistir chun a chur in iúl dó go bhfuilimid réidh chun troda."

Fós eile, daingníonn Diarmaid a dhearcadh ar shúile na bhfear a sheasann os a chomhair, é de shíor ag iarraidh an misneach a ghriog sé ina gcroíthe ar ball beag a choinneáil ard iontu. "Anois, a laochra lúfara liom," ar sé, "bogaimis linn go haclaí tapa." Agus leis sin, gluaiseann Diarmaid thar chlaí agus leanann an chuid eile é i dtreo an locha.

* * *

Ó thuaidh orthu seo uile, tá Iarla agus a chuidse fear bailithe isteach sa sean-aireagal ina bhfuil Tobar Phádraic. Tá a raibh de bhia ina tiachóga droma ite acu agus ní beag d'uisce an tobair atá caite siar acu leis. Iad croite go dona, áfach, ag an scéal a bhí ag Caltra dóibh i dtaobh droch-chríoch Chian agus an chuid eile. Labhartar mórán ar chalmacht agus uaisleacht iad siúd dá gcomrádaithe atá sínte marbh toisc an fhill, ach ní fada nó go bhfilleann an comhrá ar an lá mór cinniúnach atá rompu.

"A fheara," arsa Iarla, "tugaimis aghaidh ar bharr an chnoic bheannaithe seo. Is léir ag a bhfuil inste ag Caltra dúinn faoin dainséar atá ann go mbeadh sé míchiallmhar dúinn a bheith ag taobhú leis na sleasa íochtaracha. Chuile sheans go bhfuil an bhuíon chéanna marfóirí a chuir críoch le Cian agus a chuid sa dúiche seo i gcónaí, agus iad ag faire ar dheis eile, b'fhéidir. Ná tugaimis an deis sin dóibh."

"Áiméan," arsa fir Iarla d'aonghuth.

"Anois, a Riordáin," arsa an taoiseach óg, agus é ag glaoch an leifteanaint chuige. Sméideann sé ar an gcomhluadar an ciorcal atá déanta acu timpeall ar an tine a leathnú. Is tine é anois ar fearr míle uair é ná an lag-iarracht a bhí déanta ag Caltra ar ball beag. "Céard é do mheas ar a bhfuil romhainn, a chara?" arsa Iarla le Riordán.

Ardaíonn Riordán bata coill agus, rud is nós leis a

dhéanamh i gcónaí, sánn sé an talamh faoi le ceann an mhaide. Glanann sé dromchla na talún go scríobach scuabach lena dhá chois, é ag díbirt idir chloichíní agus chraobhóga as an mbealach air. "Seo muid anseo," ar sé, agus sánn sé an talamh leis an slat den dara huair ach, an babhta seo, is deimhnithí mar ghníomh é ná an chéad iarracht. "Agus seo é barr Chnoc na Mainistreach," ar sé, agus marcálann sé sin chomh maith. Soicind nó dhó dó ansin ag breathnú an chomhluadair – é, ar bhealach, ag deimhniú dó féin go dtuigeann siad an scagadh seo atá á dhéanamh aige. "Ag bun sleasa an chnoic ar an taobh ó dheas, agus soir 'gus siar as sin go ceann píosa maith, tá tailte méithe feirmeoireachta na manach. Is ann a throidfear an cath atá le teacht." Bogann súile Riordáin ó dhuine go duine sa chomhluadar. "Is ann a bhuafar an cath," ar sé, agus fós eile teagmhann sé de shúile na saighdiúirí atá thart air. "Agus, a laochra dhílse Thuadhmhumhan, is ar na tailte sin a chaillfear cath an lae seo."

Manrán na míshocrachta i measc na bhfear anois. Ní maith mar a luíonn an tagairt seo don chailliúint leo. Ach ní haon dóithín é an Riordánach sna cúrsaí seo agus tuigeann sé láithreach go bhfuil gá le spiorad na saighdiúirí a ardú arís.

"Más é an troid atá i ndán dúinn – agus is léir gurb ea – is mó ná troid a chaithfimidne a iompar linn inár meonta. Troid go bua a líonfaidh ár n-intinní, a fheara, agus gan a dhath eile ach é. Is de shliocht Thuadhmhumhan sinn. Fuil d'ár gcuid fola é Tuadhmhumhan. Smior d'ár gcuid smeara é Tuadhmhumhan. Agus gach a spréachann agus a splancann go spleodrach inár n-anamacha, is de Thuadhmhumhan é." Agus is léir ar gach a deireann Riordán gurb iad an uaisleacht agus an mór-mhórtas cine is bunús lena dheisbhéalaí. Líontar croí Iarla leis an mórtas céanna agus é ag éisteacht leis an leifteanant ag cur dó mar atá. Agus is amhlaidh atá an uile éisteoir ar an láthair, iad á líonadh leis an bhféinmhuinín agus an chalmacht chéanna atá á léiriú ag an gcainteoir.

"In ainm Dhiarmada," arsa Riordán, agus radann sé a dhorn san aer.

"In ainm Dhiarmada," arsa an slua ina dhiaidh, agus dorn an uile dhuine díobh á radadh san aer díreach mar a rinne Riordán rompu.

"Agus, a fheara," arsa Riordán, agus breathnaíonn sé soicind nó dhó ar Iarla óg na mBrianach, "in ainm Iarla leis." Agus, arís eile, scoilteann sé an t-aer lena dhorn.

"In ainm Iarla," ar siad ina dhiaidh, agus is i nganfhios dóibh féin a ruaigtear smaoineamh agus síol an smaoinimh, fiú, nach iad a bhéarfaidh an lá leo sa chath.

"Anois, a laochra," arsa Iarla, agus é gliondrach ina chroí istigh toisc a bhfuil de mhisneach ginte ag caint Riordáin sna trúpaí, "múchaimis an tine seo, bailimis ár gcuid agus ná fágaimis oiread agus an rian is lú dínn mar fhianaise inár ndiaidh anseo."

Flustar gníomhaíochta san aireagal cúng. Duine de na saighdiúirí ag oibriú leathchois ar an ngríosach, é á scaipeadh agus ansin ag satailt ar na haibhleoga le nach bhfeicfear oiread agus an méid is lú dá ndeirge arís. Caitheann an chuid eile díobh a bhfuil d'iarsmaí bia ann leis an leoithne atá ar an aer chucu as Cuas Chorrán Rua, ansin cromann ar a n-airnéis a ardú agus a bhreith leo.

"Tá cion fir déanta agat, a Chaltra, a bhuachaill," arsa Iarla, é ag cur lámh thar ghualainn an stócaigh agus é á rá sách ard le go gcloiseann an chuid eile é agus go gcasann siad chun breathnú air. "Fiafraím díbh, a fheara Thuadhmhumhan," ar sé, agus tugann sé aghaidh ar an gcomhluadar i gcoitinne, "nach mór maith mar atá déanta ag an bhfear seo againne?"

"Áiméan," ar siad, "d'fhéadfá a rá."

"Ceiliúraimis Caltra, a fheara," arsa Iarla, agus ardaíonn sé a lámh go fuinniúil san aer, mar a rinne Riordán ar ball beag.

"Ardfhear, a Chaltra," arsa na fir d'aonghuth, agus iad beag beann ar rúndacht agus an moladh á bhéicíl amach acu. Mór mór é méid an bhróid a airíonn an t-óganach ina chroí istigh. Ní beag dó é ar chor ar bith go bhfuil an t-ómós seo á thabhairt dó, díreach mar a tugadh ómós do Dhiarmaid agus d'Iarla féin ar ball beag.

"A Riordáin," arsa Iarla, agus sméideann sé ar an oifigeach teacht chuige. Tagann Riordán ar aghaidh agus claíomh i dtruaill á iompar aige. Tugann sé do Iarla é agus bogann an taoiseach rud beag i dtreo Chaltra. Déanann an Brianach a dhá lámh a shíneadh amach uaidh agus an t-arm ag luí trasna orthu. "Is duitse é seo, a Chaltra," ar sé. "Déan é a chaitheamh ar do chromán, a bhuachaill, i gcuimhne ar an gcrógacht atá léirithe agat an oíche seo thart."

Comhartha cinn fós eile ag Iarla le Riordán. Tagann an leifteanant ar aghaidh den dara huair, glacann an claíomh ar ais ón taoiseach agus sméideann ar Chaltra teacht chuige. Déanann an stócach mar a deirtear leis agus ardaíonn sé a dhá lámh agus ligeann do Riordán an claíomh a cheangal timpeall ar an bhásta air. Agus scaoileann gach mac athar dá bhfuil i láthair lán a scámhóga de ghártha ghairdis astu.

"Tá go maith, más ea," arsa Iarla, "ach tugaimis aghaidh anois ar a bhfuil romhainn. Go barr an chnoic linn, a fheara, áit a bhfanfaimid ar scéala ó m'athair." Agus, leis sin, tugann siad aghaidh láithreach ar an gcnoc, agus Caltra ar a dhícheall dul i dtaithí ar an gclaíomh a bheith ar crochadh ar a bhásta aige agus gan ligean dó dul i bhfastó sa bhfásra nó dochar éigin a dhéanamh dó féin san iarracht.

* * *

Ó thuaidh, ar an taobh eile de Chuan na Gaillimhe, tá tine bhreá bhladhmach ar lasadh i dtigh Richard le Blake, áit a bhfuil béile breá á ghlacadh ag an mBantiarna Sorcha agus Père François. Tá an Blácach féin ina sheasamh ar thaobh amháin den tinteán, é ag déanamh chomhrá lena aíonna ó am go chéile ach, don chuid is mó, tá sé ciúin smaointeach faoina bhfuil le déanamh.

"Is Beinidicteach tú, a Athair, an ea?" ar sé.

"Is ea, a dhuine uasail."

"Iodálach, más ea?"

"*Non, non,*" arsa François, agus an tuin Fhrancach le sonrú láithreach ar an gcaint uaidh.

"Ah, Francach!" arsa an Blácach. "Bhuel, seans go bhfuil an t-ádh linn. Mar a tharlaíonn, tá dea-chaidreamh idir mé agus muintir de Llynche, atá ar cheann de na clanna móra trádála ar an mbaile seo. Tá gaol cothaithe acusan le trádálaithe Iodálacha as bailte éagsúla Toscana agus, go deimhin, de réir mar a thuigim, chomh fada ó thuaidh le calafort Genoa féin. Glacaim leis, a Phère, gur áiteanna iad seo a bhfuil cur amach agat orthu."

"Tá cur amach agam orthu mar ainmneacha, a dhuine

uasail, ach thairis sin níl aon eolas agam orthu."

"Mmm, tuigim. Bhuel, is chuige seo mé: feictear dom go bhfuil dlúthcheangal idir an aithne seo againn ar na hIodálaigh agus réiteach chás na Bantiarna Sorcha. Glacaim leis, ar ndóigh, go bhfuilimid ar aon fhocal gurb í sábháilteacht na mná óige is tábhachtaí thar aon ní eile."

"Ar ndóigh, a dhuine uasail, é sin agus go gcomhlíonfainn mo gheallúint agus mo dhualgas i leith Dhonncha Rua Uí Bhriain."

"Go maith, más ea," arsa an Blácach, agus tagann sé ar aghaidh go díograiseach i dtreo an bhoird agus suíonn idir François agus Sorcha. "Seo é anois é mar a a fheicimse is fearr," ar sé, agus leathann sé a dhá lámh ar dhromchla an bhoird mhóir darach. "Is iomaí gar atá agamsa ar mhuintir de Llynche agus é de chead agus de cheart agam a gcúnamh a lorg am ar bith. Sa chás seo, ní fheicim fáth ar bith nach rachaidis i bhfeiliúint dom agus aistear sábháilte chun na hIodáile a dheimhniú don bhean óg. Níl srian ar an isteach agus amach atá á dhéanamh ag longa Iodálacha ar chalafort na Gaillimhe, agus iad ag díol éadach agus olaí den uile chineál leis na Loinsigh. Agus, ach an oiread leis an taoide féin, an long a thagann i dtír ní foláir dó imeacht arís agus, i gcás gach aon long díobh, tá a bolg ualaithe le hearraí Éireannacha mar lasta iontu agus iad ag fágáil cuan na Gaillimhe."

"Sea," arsa François, agus tuin cheisteach ar an bhfocal aige. É cíocrach chun sonraí sainiúla phlean an Bhlácaigh a chloisteáil.

Éiríonn fear an tí, bogann ar ais go réidh i dtreo an tinteáin agus casann a thóin leis an tine. "Is é go díreach atá i gceist agam, a Phère, ná go mbeidh tú féin agus an

Bhantiarna Sorcha mar phaisinéirí ar an gcéad long eile a sheolann as calafort na Gaillimhe. Ní déarfar rud ar bith le haon duine seachas leosan amháin is gá a bheith ar an eolas faoi, agus féachfaimid chuige go gcuirfear an plean i gcrích a luaithe agus is féidir. Seans, má bhíonn an uile ní ina cheart, go mbeidh an beart déanta taobh istigh de lá nó dhó."

Scaoll thar aon ní eile a airíonn Sorcha ar chloisteáil an fhráma ama sin di. É amhail is nár thuig sí práinn gach a bhí ag tarlú go dtí seo. Rian na deifre, rian na contúirte chomh mór sin ar a bhfuil tite amach le lá anuas is nach bhfuil an leathdheis féin faighte aici smaoineamh a dhéanamh ar an méid atá ag tarlú. Agus is í seo an chéad uair di a cheapadh go bhféadfadh sé tarlú go mbeadh sí féin agus Iarla scartha óna chéile ar feadh achair fhada ama. Is i nganfhios don bheirt eile a íslíonn an bhean óg a lámh faoin mbord agus leagann sí ar a himleacán í – an tsnaidhm chordach atá mar iarsma ar an gceangal a briseadh idir í agus a máthair siar na blianta ó shin. Scarúint eile anois i ndán di. Cuimhníonn sí ar Iarla agus ar mhiangas aoibhinn an ghrá a thug siad dá chéile cois locha. Agus leis sin, leathann scáth cinniúnach Fheardorcha é féin trasna ar a hintinn.

10

"Duine chugainn siar ó dheas orainn," a scairteann Caltra ón gcró cloiche a bhfuil sé ina fhear faire ann ó bhain fir Iarla barr Chnoc na Mainistreach amach. Is láidre fearúla é a ghlór anois ná an gheonaíl lag a scaoil sé uaidh mar fhreagra ar fhead Riordáin níos luaithe ar maidin. Agus is é an Riordán céanna a dheifríonn chuige an babhta seo.

"Cá háit, a Chaltra?" arsa an seanfhondúir.

"Breathnaigh," arsa an fear óg, agus síneann sé méar i dtreo na haille thart ar thrí chéad coiscéim uathu. Déanann súile Riordáin an tírdhreach siar ó dheas a scinneadh agus, d'ainneoin ceo a bheith ann a chuireann cosc ar radharc, níl sé baileach chomh trom agus a bhí ar ball beag. Éiríonn leis crut fir a aimsiú ar léithe na carriage agus é ag bogadaíl leis ina dtreo.

"Bail ó Dhia ar do shúilese, a mhic," arsa Riordán, agus buaileann sé bos sa slinneán ar an stócach. "Is fiú aon deichniúr eile tú, a bhuachaill, agus má tá bréag sa ráiteas sin agam, bíodh." Cromann Riordán ar aghaidh i gcoinne bhalla thosaigh an chró agus cúngaíonn sé a shúile chun ciall iomlán a dhéanamh den té atá ag teacht in aghaidh an chnoic. "Is duine dínn féin é," a fhógraíonn sé tar éis roinnt soicindí den bhfaire, agus cúlaíonn sé ón mballa arís eile. "Dia leat, a Chaltra," ar sé, agus buaileann sé an fear faire sa slinneán den dara huair. "Lig scairt air nuair a thagann sé i bhfoisceacht aon chéad coiscéim den áit agus tig leat é a threorú isteach as sin," arsa Riordáin leis, ansin fágann an leifteanant agus déanann ar ais arís i dtreo Iarla agus an bhuíon, áit a bhfuil siad curtha fúthu ar bharr an chnoic.

"Cuairteoir chugainn siar ó dheas ar an gcnoc," arsa Riordán leo nuair a shroicheann sé an bhuíon. "Duine dár gcuid féin é."

"Is é an teachtaire a gheall m'athair a chur, déarfainn," arsa Iarla.

"Is é is dóichí atá ann ceart go leor, a Iarla," arsa Riordán. "Deis againn fáil amach anois conas mar atá ag Diarmaid agus a chuid agus scéala a fháil ar a bhfuil le déanamh."

Leis sin, bogann Iarla agus Riordán amach ón mbuíon agus déanann siad ar ais arís i dtreo an chró, áit a bhfuil Caltra ag faire amach i gcónaí. Iad gar don bpost faire nuair a fheiceann siad an t-ógfhear ag bogadh amach as.

"Socair, a dhuine," arsa Caltra, é á bhéicíl sin amach leis an bhfear atá ag dreapadh an chnoic. "Socair agus abair cé tú féin," ar sé, agus tá blas an údaráis le sonrú ar a ghlór. Breathnaíonn Iarla agus Riordán ar a chéile ar a chloisteáil seo dóibh agus leathann miongháire orthu beirt. Ní deirtear focal faoina smaointe ach tuigeann siad beirt go rímhaith gur cruthú é an rud beag seo ar an gciall a bhain le hardú céime a thabhairt do Chaltra ar maidin. Fanann siad siar agus ligeann don fhear óg an cuairteoir a thabhairt isteach.

In imeacht chúpla nóiméad tá lasair curtha faoi bheart de chraobhóga taise ar bharr Chnoc na Mainistreach agus seoltar teachtaireachtaí deataigh amach ar an aer mar chomhartha do Dhiarmaid go bhfuil an t-aistear as Loch an Mhóinín curtha de go sábháilte ag a mhisidear, Naoise. Ansin tosaíonn Naoise ar phlean Dhiarmada a léiriú don chomhluadar. Míníonn sé dóibh go gcuirfidh Diarmaid an dara teachtaire go Donncha sa mhainistir, ar fheiceáil an deataigh dó. "Is é atá i gceist," arsa Naoise, "ná go gcuirfear tús leis an gcath sa gharraí réidh siar ón mainistir díreach ar bhuille an mheánlae. Agus is é atá fógartha ag Diarmaid féin ná nach ligfear scíth nó go mbéarfar an lá leis ag taobh amháin nó taobh eile de Chlann na mBrianach."

"Agus céard fúinne, a Naoise?" arsa Iarla. "An é atá leagtha síos dúinne a dhéanamh ná an rud a phléigh muid cheana?"

"É sin go baileach, díreach mar a pléadh i nGleann an Chlaib aréir," arsa an teachtaire. "Agus tá mé faoi ordú ag d'athairse, cuma céard a tharlaíonn nó nach dtarlaíonn, fanacht le do bhuíonsa ar feadh an ama."

"Tá go maith, a Naoise," arsa Iarla. "Déanaimis cruinniú a ghairm láithreach, más ea, le go bpléimis ár sonraí féin."

"Is gá sin, ar ndóigh, a Iarla," arsa Naoise, "ach feicim nach bhfuil Cian agus a chuid fearaibh tagtha fós. Nárbh fhearr i bhfad é fanacht ar a dteacht sula ndéanfaí plé agus a leithéid?"

"Ní hann do Chian ná dá bhuíon fear a thuilleadh, a chara," arsa Riordán, agus is léir ar aghaidh an teachtaire go mbaineann loime chaint an leifteanaint siar nach beag as Naoise. "Rinneadh fogha fealltach orthu i ndoircheacht na hoíche agus is lú dínn anois atá ann ná mar a shíl muid go mbeadh. Is é Caltra óg an t-aon duine díobh a tháinig slán as agus, murach toil Dé féin, ní mar sin a bheadh ach an oiread."

Ciúnas scaithimhín, ansin croitheann Iarla é féin agus glaonn an bhuíon le chéile.

* * *

"Cén scéala i dtaobh ár dtrúpaí, a Fheardorcha?" arsa Donncha, agus é ina shuí ag bord phroinnteach na mainistreach.

"Táid gar do bheith réidh don troid, a thiarna," arsa an t-oifigeach amach trí bhéalóg an chlogaid atá air. "Mungailt béalbhaí orthu, mar a bheadh ar each ar bhreá leis go dtabharfaí cead a chinn dó."

Ró-dhíograis agus ró-dhúil sa sléacht atá le sonrú ar chaint seo Fheardorcha, dar le Donncha, d'ainneoin nach taitneamhach don taoiseach é an gnó céanna.

"Ní ar mhaithe leis an gcogaíocht féin a dhéanaimid troid, a Fheardorcha," arsa Donncha leis an leifteanant, "ach toisc nach bhfuil a mhalairt de rogha againn ach tabhairt faoi. Is lú ná sásamh a bhainim as seo, a dhuine, bíodh a fhios sin agat, agus glacaim leis gurb amhlaidh atá i gcás mo chol ceathar Diarmaid chomh maith. Ní hé go roghnaíonn ceachtar againn an cúrsa seo, arae, is é an traidisiún a bhrúnn orainn é mar bhealach réitigh."

É ag dul dian ar Fheardorcha srian a chur ar a theanga agus é ag éisteacht leis an gcineál seo cainte ag a thaoiseach. Rian an ainmhí i nádúr an oifigigh a éilíonn an rud fuilteach fealltach foiréigneach ar an uile dheis. Airíonn sé an síol bunúsach ainmhíoch sin ar gor ann féin, tapaíonn ar a análú agus braitheann sé polláirí na sróine ag at air. Cúngaíonn sé a shúile taobh thiar de scáthlán an chlogaid agus scinneann siad go fraochta ó thaobh go taobh, mórán mar a rinne cheana nuair ba ainmhí é.

"Agus céard faoin mBráthar Nilus, an tAb?" arsa Donncha. "Cén fáth nár tháinig seisean chugam go nuige seo le go bpléifí sábháilteacht chomhluadar na mainistreach?"

Scaoll anois san uile bhall de chorp Fheardorcha ar chloisteáil na ceiste seo dó. É ar a dhícheall freagra inchreidte a chumadh ina intinn nuair a chealaítear an phráinn gan choinne ar theacht isteach sa phroinnteach do dhuine de ghiollaí Dhonncha.

"Teachtaire chugainn, a thiarna, ó champa Dhiarmaid Uí Bhriain," a fhógraíonn an searbhónta.

"Seol isteach chugam é," arsa Diarmaid, agus ní himithe don ghiolla nó go bhfilleann sé arís agus teachtaire Dhiarmada in éindí leis. Umhlaíonn an cuairteoir i láthair Dhonncha.

"Tá teachtaireacht agat dom, a dhuine?" arsa Donncha.

"Tá go deimhin, a thiarna," arsa an fear eile, agus baineann sé bileog fhillte as a thuineach agus síneann chuig an Brianach é. Claonann an fear uasal an bhileog i dtreo an tsolais atá á scairdeadh ag ceann de na tóirsí falla, agus léann.

"Tá go maith," arsa Donncha, "abair le Diarmaid go dtabharfaidh ár ndá arm aghaidh ar a chéile ar bhuille an nóna, díreach mar a beartaíodh."

Umhlaíonn an teachtaire le Donncha athuair, cúlaíonn rud beag agus casann chun imeacht. É ag doras an phroinntí nuair a labhraíonn Donncha arís.

"Agus, a chara," ar sé, agus é ag cur ar an teachtaire stopadh agus casadh ar ais arís, "beir leat mo dhea-ghuí ar Dhiarmaid agus a fheara."

Istigh i ndomhan ceilte an chlogaid, freangann Feardorcha go dímheasúil le ráiteas seo a thaoisigh. Laige, dar leis an oifigeach. Déanann an teachtaire an tríú umhlú agus bailíonn leis. Breathnaíonn Donncha ar a leifteanant arís.

"Bhuel, a Fheardorcha," ar sé, "bhí tú ar tí insint dom faoin Ab Nilus agus fao–"

"Gabh mo leithscéal as cur isteach ort arís, a thiarna," arsa an giolla a d'fhógair teacht an teachtaire ar ball beag, "ach tá an Bráthair Benignus chugat." D'fháilteodh Feardorcha chomh mór céanna roimh an gcur isteach seo agus a rinne sé i gcás an chéid chuairteora ach amháin gurb é Benignus atá ann. Ní beag é an t-ábhar míchompoird dó é sin, agus a bhfuil ar eolas ag an manach faoinár tharla níos luaithe.

"A Bhenignus, tá tú chugam fós eile, a chara!" arsa Donncha, agus lán-fháilte ag an mBrianach roimhe, mar a bhí cheana. "Tá súil agam nach aon athrú intinne maidir le do bheannacht a thabhairt a sheolann isteach tú," arsa an taoiseach, agus seasann sé agus tagann i dtreo an mhanaigh.

"B'fhearr é dá mba ea, a thiarna, ach is measa míle uair ná sin é."

Cheana féin, tá Feardordach ag taobhú le ceann de bhallaí an phroinntí, agus é ag dul i dtreo an chúinne.

"Níos measa, a deir tú, a Bhráthair!" arsa Donncha. "Agus céard é a bheadh níos measa ná go ndéanfadh fear cráifeach mar thú a bheannacht a tharraingt siar?"

Mion-gheonaíl ag Feardorcha atá anois á fháisceadh féin isteach sa spás sin ina dteagmhann falla amháin den bhfalla eile. Go deimhin, murach an géarú atá tagtha ar chluasa Bhenignus thar na blianta, ní chloisfí an gheonaíl ar chor ar bith.

"Is é Nilus," arsa Benignus, agus ní túisce ainm Ab na mainistreach as a bhéal ag an seanfhear ná cloistear Feardorcha ag deifriú leis amach doras an phroinntí agus síos fad an phasáiste a sheolfaidh chun an chlóis lasmuigh é. Aird tugtha ag Donncha ar thormán an oifigigh, ach díríonn sé ar Bhenignus athuair.

"An tAb Nilus, a deir tú, a Bhenignus! Céard é féin, a chara?"

"Tá ceannaire an tí seo sínte fuar marbh, a thiarna."

"Marbh! Cén chaoi marbh? Nach anocht féin a rinne me comhrá le–"

"Marbh, a Dhonncha, a thiarna liom. É daortha chun na hithreach ag duine de do bhuíonsa ar mó a cheangal leis an ainsprid ná le haon ní maith. É stróicthe scr–"

"Feardorcha!" arsa Donncha go mímheanmnach, agus cromann sé a cheann go trom le teann náire.

"Sea, Feardorcha," arsa Benignus, agus cuma dhearóil air. "Agus roimhe sin arís, an Bhantiarna Sorcha."

"Sorcha!" arsa Donncha, agus léimeann a chroí ina chliabhrach le méid an uafáis a airíonn sé istigh."Sorcha, marbh!"

"Ní hea, ní marbh atá mé a rá," arsa an manach go deifreach, agus é ag iarraidh an mhíthuiscint a chur ar ceal, "cé go gceapfadh go leor gur measa ná sin é an feall atá déanta uirthi. Tá salú déanta ar a banúlacht aige." Loime neamhbhalbh an ráitis is mó a bhaineann siar as an taoiseach. Cromann Donncha a cheann athuair agus scaoileann osna uaidh.

"I nganfhios duit, a Dhonncha, a bhí sí sa teach seo anocht, ach tá sí slán faoi seo, í imithe ó thuaidh chun sábháltachta leis an sagart Francach, díreach mar a d'ordaigh tú go ndéanfaí."

Go mall a ardaíonn Donncha a cheann an babhta seo, a éadan dearg deilgneach lena airíonn sé d'fhearg ar a chroí, agus é ar a dhícheall guaim a choinneáil air féin. Airíonn sé a scámhóga istigh ag at, teannas ina chliabhrach. Tá sé ar buile leis féin nár ghníomhaigh sé roimhe seo chun cíocras fola an oifigigh a shrianú.

"Feardorcha!" a ghlamann sé amach ar ard a ghutha, agus preabann an focal ina mhacalla ar fud an phroinntí, é ag imeacht leis ó bhalla go balla go díon. Agus a luaithe agus atá sé ina chiúin arís istigh, cloistear seitreach agus greadadh chosa na gcapall as an gclós lasmuigh.

"Ró-mhall atáir, a Dhonncha," arsa Benignus de ghuth faon. "Déanfaidh sé mar is toil leis a dhéanamh agus ní hann ach don aon neach amháin ar féidir é a cheansú."

Breathnaíonn an taoiseach ar an manach. D'ainneoin anbhainne an tseanfhir, is maith a thuigeann Donncha gurb ag Benignus féin amháin atá sé de chumhacht aghaidh a thabhairt ar an ainsprid.

"Déanfar mar is gá, a Dhonncha, ach faraor géar, ní féidir an scrios atá le teacht a sheachaint."

Amharcann Donncha go fiosrach ar an bhfear gaoiseach. Airíonn sé go bhfuil rian na géilliúlachta ar thuin cainte an mhanaigh thar mar a bhíonn de ghnáth.

"Le do thoil, a Dhonncha," arsa Benignus, agus leathann sé a lámha os cionn an taoisigh agus sméideann air dul ar a ghlúine os a chomhair. Déanann an fear uasal mar a iarrtar air, gearrann Comhartha na Croise air féin agus cromann a cheann i láthair an mhanaigh. "Den dara huair in achar gearr ama, a chara liom, guím mo bheannacht ort go pearsanta, ach ní thig liom an rud atá ag dul ag tarlú a bheannú beag ná mór. Is manach Dé mé agus níl cead ná ceart agam aon iarracht chogaíochta a bheannú, cuma bua nó eile." Tá an dall ina thost ansin go ceann roinnt soicindí.

"Tá sé feicthe ar chúl na súl agam nach siúlfaidh buaiteoir ar bith as má an áir ar an lá seo. Ní hann do thaobh ar bith ach an chailliúint." Íslíonn Benignus a lámha anuas ar bhaithis an taoisigh, guíonn a bheannacht air, ansin seasann siar uaidh.

Seasann Donncha athuair. Is mó gurb í an umhlaíocht a airíonn sé i láthair an mhanaigh ná rud ar bith eile. "Gabhaim buíochas ó chroí leat, a Bhenignus," ar sé, "fiú murar féidir leat do bheannacht a leathadh ar an ngníomh." Ansin déanann an manach claonadh cinn leis mar admháil ar na focail bhuíochais atá ráite aige.

"Suigh agus déan caint liom tamall, a Bhráthair," arsa Donncha, agus cuireann sé leathlámh faoi uillinn Bhenignus agus treoraíonn é go dtí an binse ag an taobh eile den bhord ag a raibh sé féin ag ithe ar ball beag.

* * *

I dTigh Richard le Blake, gar do bhaile mór na Gaillimhe, tá Sorcha agus Père François ina suí ar aghaidh a chéile ag bord mór an tseomra suí i ndiaidh dóibh roinnt uaireanta an chloig codlata a chur díobh. Níl ann ach nóiméad nó dhó ó shin gur chuala siad torann chrúb na gcapall ar dhoirneoga an chlóis lasmuigh agus an cóiste seisrí ag teacht chun stad. Osclaítear doras mór darach an tseomra agus isteach chucu a thagann an Blácach.

"Dea-scéala, a chairde, dea-scéala," ar sé go díograiseach, agus caitheann sé é féin anuas ar cheann de na cathaoireacha cois boird. "Labhair mé leis na Loinsigh ar ball beag agus tá cúrsaí díreach mar a shíl mé go mbeadh sa chás seo." Breathnaíonn Sorcha agus François ar a chéile, idir ghliondair agus fhaoiseamh ar chroí an tsagairt, ach gan a dhath i meon na mná óige ach buairt. É tite ina scamall mór trom tobann uirthi go mb'fhéidir nach mbreathnóidh sí isteach ar shúile Iarla riamh arís nó nach n-aireoidh sí a lámha timpeall ar a básta. Contrárthacht aisteach idir an gad teanga uirthi agus pléascántacht an Bhlácaigh.

"Is léir dom," arsa an Blácach, "go bhfuil iontas nach beag oraibh go bhfuil an socrú deimhnithe agam chomh tapa agus atá, ach is leor a rá nach beag mar bhuntáiste é cumhacht a bheith ag duine." Is beag nach gcuireann féin-uaibhreas an ráitis olc ar Shorcha, ach tuigeann sí chomh maith, lena bhfuil de siar bainte aisti, nach cruinn é a breithiúnas féin ar rud ar bith.

"Anois, más ea, a Phère, a Bhantiarna," arsa an Blácach, agus éiríonn sé agus gluaiseann i dtreo an tinteáin a bhfuil tine bhríomhar ar lasadh ann i gcónaí, "lig dom, le bhur dtoil, sonraí bhur n-imeacht as seo a chur ar bhur súile daoibh." Cuma an smaointeora á cur air féin ag an mBlácach agus siúlann sé siar agus aniar os comhair na tine cúpla uair. "*La Bella Donna* is ainm don long a bhéarfaidh sibh chun sábháilteachta. Í cláraithe i Genoa na hIodáile agus í faoi stiúir ag captain Veiníseach darb ainm Annelli – Giacamo Annelli."

Airíonn Sorcha lagar spride uirthi agus í ag éisteacht leis na sonraí á dtabhairt ag le Blake dóibh. É ag dul an-dian uirthi teacht i dtiún léi féin. I ndáiríre, níl a fhios aici an ann nó as di. Gan aon lá iomlán féin imithe ó chas sí féin agus Iarla ar a chéile faoi rún san áit chraobhach úd gar do Chill Eochaille, agus gan ar domhan ach iad. Agus seo anois í, í ar tí a bheith scartha uaidh agus ó gach is ansa léi, agus gan a fhios aici an bhfeicfidh sí a leannán riamh arís.

Ach tá an Blácach beag beann ar aon bhuairt a bheith ar Shorcha. Ar ndóigh, cén chaoi a mbeadh a fhios aigesin dada faoin stróiceadh croí atá á aireachtáil ag an ógbhean. Tá gus nach beag ann agus é ag cur dó, é lán de féin gur éirigh leis an gar a bhí ag dul dó a ghlaoch ar na Loinsigh. Agus, go deimhin, níl sé dall ar chor ar bith go bhfuil gar déanta aige dá chomh-Normannach de Clare, agus do Dhonncha Ó Briain, agus nach beag, b'fhéidir, mar a sheasfaidh sin dó amach anseo.

"*La Bella Donna*," arsa an Blácach arís eile. "Fágfaidh sí calafort na Gaillimhe ar uair an mheánoíche anocht féin. Seithí as Connacht agus olann na gcaorach a bheidh ar bord agus iad á dtabhairt go Lucca i gceantar Toscana." Breathnaíonn sé d'aon ghnó soicind ar François. "Glacaim leis go bhfuil cáil Toscana ar d'eolas agat, a Phère?" arsa an Blácach.

"*Mais oui, monsieur*," arsa an sagart, agus a bhunús Gailleach féin á bhéimniú aige.

"Dá réir sin uile," arsa le Blake, "tá sé socraithe agam leis an gCaptaen Annelli, nuair a thagann sibh i dtír, go gcuirfear sibh faoi chúram an cheannaí a bheidh ag iompar na n-earraí go Lucca. Salvatori Rossi is ainm dó agus deirtear liom gur fear maith macánta é. Cúpla lá ina dhiaidh sin arís, féachfaidh seisean chuige go gcuirfear vaigín ar fáil chun sibh a thabhairt a fhad le Monte Cassino."

"Monte Cassino!" arsa François go sceitimíneach. É sínte le hiontas go mbeidh an deis aige áit bhunaithe an oird rialta a bhfuil a shaol tugtha aige dó a fheiceáil. An áit inár sheas Beinidict féin.

"*Exactement, mon Père*," arsa le Blake, agus é féin anois

ag dul i muinín an bhlúirín bhig Fraincise. Sásaíonn sé an Blácach go mór gurb eisean atá freagrach as an dea-scéala seo ar fad. Ach, más ard é croí an tsagairt, is in ísle brí ar fad atá Sorcha bhocht imithe. Is fada fada iad Lucca, Monte Cassino nó áiteanna coimhthíocha ar bith eile ón áit a bhfuil a croíse.

11

Is tibhe é an ceobhrán a luíonn ar Chnoc na Mainistreach ná mar a bhí ar ball beag agus tá goimh i bhfuacht na maidine. Agus, dá dhonacht sin, is gruama fós mar atá ar an talamh ar a dhéanfar an troid. Cuma bhabhla ar dhromchla na tíre thíos agus, de thoradh air sin, is ann is faide a mhaireann an ceo i gcónaí. Tuigeann Iarla gur fadhb ann féin é cúrsaí infheictheachta a bheith go dona, ach is mó fós é a imní faoin gceo toisc an bac a chuireann sé ar chomharthaí deataigh a chur chuig Diarmaid len é a chur ar an eolas go bhfuil siad réidh chun teacht chuige. Tá an bhuíon fágtha ag Iarla agus Riordán agus táid ina suí ar charraig mhór píosa amach ón gcuid eile.

"Níl cuma mhaith ar chúrsaí, a Riordáin," arsa Iarla.

"Abair é, a Iarla, agus más fíor iad na comharthaí os ár gcomhair amach, ní haon fheabhas atá i ndán do na cúrsaí sin. Samhlaím laethanta den chineál seo aimsire sula bhfeicfear spéir ghlan arís."

"Do mheas faoina dhéanfaimid, a chara?" arsa Iarla, agus leagann sé lámh ar ghualainn an leifteanaint dhílis agus é ag lorg na comhairle air.

"Mo mheas-sa! Is mó faitíos ná a dhath eile atá orm rud ar bith a mholadh, ach is ionann gan gníomh a dhéanamh agus glacadh leis roimh ré go bhfuil an lá caillte againn cheana féin." Riordán ciúin tamall tar éis dó sin a rá agus breathnaíonn sé ar an gceobhrán timpeall orthu. Iarla ag breathnú ar éadan an oifigigh, é ag tabhairt suntais don chaoi a bhfuil súile an tseanfhondúra fáiscthe faoina mhala

roicneach agus é ag iarraidh an uile fhéidearthacht a
mheas. Agus leis sin, amhail is gur iarracht é ar gach bac ar
an smaoineamh a ghlanadh, cuimlíonn Riordán a
chláréadain lena dheasóg agus díbríonn na línte a bhí
carnaithe air.

"Dhá mholadh, más ea, a Iarla. Ar an gcéad dul síos,
máirseálfaimid mar a bhí beartaithe againn a dhéanamh.
Níl ciall le rud ar bith ach sin. Troidfear an cath, bímis ann
nó ná bíodh. Mar sin, is fearr go gcloífimis lena bhfuil
réamhshocraithe."

Rian na cinnteachta thar aon ní eile atá le sonrú ar
aghaidh Riordáin agus é á rá sin. Tá an deimhneacht a
léiríonn sé fréamhaithe sna blianta seirbhíse, blianta na
gaoise, blianta fada nuair ba mhinic ba ghá dó breithiúnas
cinniúnach a thabhairt.

"Agus an dara moladh?" arsa Iarla.

"An dara moladh, a thaoisigh óig na mBrianach, is ea go
ndéanfaimis neamhaird den treoir atá tugtha ag d'athair
dúinn maidir le Naoise a choinneáil inár measc."

"Neamhaird a dhéanamh de!" arsa Iarla, agus is léir
iontas a bheith air go molfaí a leithéid. Baineann sé a lámh
de ghualainn an oifigigh láithreach.

"Féach seo, a Iarla," arsa Riordán, agus é ag iarraidh
deimhniú don fhear óg nach le heaspa dílseachta dá athair
a mholann sé an cúrsa atá luaite aige, "tá dhá fáth agam leis
an moladh sin. I dtús báire, toisc tiús an cheobhráin, níl
aon bhealach eile againn le teagmháil a dhéanamh le
d'athair ach duine a chur chuige. Sa dara háit, cuimhnimis
gur de shiúl na gcos atáimid ag taistil, gan oiread agus
an t-aon each amháin againn le go gcuirfí marcach
amach chun Diarmaid a choinneáil ar an eolas. Ach mura

ngníomhaíonn muid ar bhealach éigin, is cinnte go mbeidh
an lá caillte sula dtabharfar aghaidh ar fhórsaí Dhonncha ar
chor ar bith."

Téann réasúnú tomhaiste Riordáin i bhfeidhm ar an
dtaoiseach óg. Go deimhin, a shíleann Iarla dó féin, nárbh
chun an soiléiriú agus gléacht tuisceana sin a fháil ar an
gceist a rinne sé comhairle Riordáin a lorg ar an gcéad dul
síos. Croitheadh cinn ag an ógfhear. "Tá an ceart agat, a
Riordáin, a chara," ar sé. "Déanfaimid mar atá molta agat.
Cuirfear Naoise ar ais chuige agus seachnófar gach easpa
tuisceana ar an dóigh sin. Is mór agam do ghaois agus do
chomhairle." Agus é ag rá na habairte deireanaí seo,
leagann Iarla lámh anuas ar dheasóg an leifteanaint.

Ach más mór é meas an ógfhir ar Riordán, is mó fós
é meas an oifigigh ar Iarla. Ní don chéad uair le beart
uaireanta an chloig anuas a bhfuil fianaise dheimhneacht
an Bhrianaigh óig feicthe aige. Ábhar misnigh don
Riordánach é fios a bheith aige, cuma céard é toradh an
chatha atá rompu, go mbeidh Clann Dhiarmada – Clann na
mBrianach – faoi stiúir mhaith a fhad agus atá Iarla beo.
Ardaíonn an t-oifigeach a chiotóg agus leagann anuas ar
lámh Iarla é. Lámh ar lámh ar lámh.

"Tá gaois agus gaois ann, a Iarla, a chara, ach is í an
ghaois is suntasaí ar fad ná gaois an duine chun comhairle
a ghlacadh. Agus, bail ó Dhia agus ó Mhuire ort, tá tú
beannaithe leis an ngaois sin thar mar atá an chuid is mó
dínn." Agus, leis sin, buailtear barr ar fad ar an meas seo
acu ar a chéile nuair a leagann Iarla a dhara lámh anuas ar
an dtrírín atá buailte ar a chéile cheana, agus táid beirt
diongbháilte agus dírithe ina n-aigne ar a bhfuil le teacht.

"Anois, a Riordáin, más cuma leat, ba mhaith liom seal

a ghlacadh i m'aonar le go ndéana mé smaoineamh," arsa Iarla, agus bristear teagmháil na lámh eatarthu. "Tá mórán tarlaithe in achar an-ghearr agus gan aon seans ceart agam go dtí seo ciall iomlán a dhéanamh de."

"Ar ndóigh, a chara liom," arsa Riordán, agus é ag éirí ina sheasamh. "Féachfaidh mise chuig Naoise a chur chun bealaigh arís, dá mba mhaith leat go ndéanfainn amhlaidh."

"Ba mhór agam sin, a chara liom," arsa Iarla, agus é ag deimhniú ceangal an chairdis eatarthu, agus é d'aon ghnó ag úsáid an téarma ceana céanna leis an oifigeach agus a dúirt Riordán féin díreach roimhe sin. Agus fágann an leifteanant ina aonar ansin é.

Ceobhrán agus a thuilleadh ceobhráin amach roimhe. Gan de smaoineamh in intinn Iarla agus é ina shuí ina aonar ar an gcarraig mhór ach a Shorcha aoibhinn-ó. An oiread sin tarlaithe in achar gearr ama, díreach mar a dúirt sé le Riordán ar ball beag. Níor cheadaigh sé dá intinn dul le smaointe uirthi in imeacht na hoíche a bhí curtha de. Ró-ghá a mheon a choinneáil go huile agus go hiomlán ar an dainséar a bhí san aer. Dá mba ghá cinneadh práinneach a dhéanamh, cén mhaith é dá mbeadh a intinn in áit éigin eile? Ról an cheannaire ba thábhachtaí agus é i measc na bhfear.

Ach anois tá an deis sin aige – deis smaoineamh ar Shorcha. Gan tuairim ar domhan aige faoina bhfuil i ndán di, ná dó féin ach an oiread. Dóibh beirt. Go bhfios d'Iarla, tá a ghrá geal slán sábháilte i measc a gaolta thiar i Muc Inis. Níl a fhios aige a dhath faoin réamhshocrú a rinne a chol seisear, Donncha, le Père François ná – rud is measa fós – faoin socrú atá déanta cheana féin i nGaillimh chun í a sheoladh chun na hIodáile. Dá mbeadh an tuairim ba lú aige faoina bhfuil beartaithe, ní gan bac a d'imeodh an vaigín úd bóthar an chósta ag bun Charcair na gCléireach i gclapsholas na maidine. É daingean mar rún ina chroí aige go mbeidh siad le chéile go luath, go dtiocfaidh sé slán ar an ár atá le teacht le go mbeidh sin amhlaidh. Agus is daingne fós é rún a chroí gurb é a dteacht le chéile a bheidh mar bhunús le síocháin fhadtéarmach a chruthú idir an dá thaobh de chlann na mBrianach.

Ach dá laghad é a bhfuil ar eolas aige faoina bhfuil leagtha amach cheana féin do Shorcha, níl insint ar an gcuma a bheadh air dá dtuigfeadh sé a bhfuil d'fheall déanta ag Feardorcha uirthi. Céard a dhéanfadh sin dá leagan intinne agus é ar tí dul chun cogaíochta? Cén seans guaim a choinneáil air féin dá dtiocfaidis ar aghaidh a chéile sa troid agus fios na treascairte ag Iarla? Nárbh í an fhearg a bheadh á riar, i ndáiríre, seachas an oibiachtúlacht is gá i gcásanna dá sort – rud a d'fhágfadh leochaileach agus oscailte don ngoin é. Ach, ar a laghad, ar an dóigh a bhfuil anois, tá léire intinne aige, d'ainneoin a chroí a bheith trom d'éagmais Shorcha. An gad is giorra don scornach a ghearradh, síleann sé, agus nuair atá sin déanta, beidh am don ghrá, am do Shorcha.

Breathnaíonn Iarla go dian ar an gceobhrán ina thimpeall. É tiubh duairc gruama ag an bpointe seo. É amhail is gur aonad é féin agus uigebhrat an fhliuchrais. Leis sin, feiceann sé mar a bheadh lóchrann ag teacht chuige as an doircheacht. Ní túisce sin nó ceapann sé gur dhá lóchrann atá ann. Sea, péire díobh, go cinnte. Agus, de réir mar a dhruideann na soilse ina threo, airíonn sé teas suaimhneach uathu a dhéanann gach rian den imní a ruaigeadh as a chroí. É chomh mór sin faoi gheasa ag a bhfuil ag tarlú nach dtugann sé aird ar bith ar Naoise ag dul thairis, agus an teachtaire ar a bhealach ó dheas chuig Diarmaid athuair.

Is gile agus is teolaí fós anois iad na soilse, iad ag déanamh beag is fiú den cheobhrán timpeall orthu. Agus, leis sin, nochtar éadan faoin dá lóchrann. Aithníonn Iarla láithreach é – aghaidh an tseanfhir dhaill chéanna a léirigh é féin dó agus é faoi scáth an dainséir ar an gcreag chlochach bhoirneach san oíche aréir, uair a thathantaigh Riordán air a mhisneach a chruinniú agus na tréithe ceannaireachta ba dhual dó a léiriú. Is í an aghaidh chéanna í ina bhfaca sé an íomhá úd a bhí fite fuaite ar íomhá éigin eile, agus gan ar a chumas ag an am ciall a dhéanamh de cheachtar díobh. Ansin, de phlimp, táid múchta – an aghaidh, na soilse, súile – iad imithe, agus tá Iarla mar a bhí ar ball beag, ach amháin go bhfuil an teas a gineadh le aireachtáil i ndaingean a chroí i gcónaí.

Tamall mar sin ag an taoiseach óg nuair a thugann sé an ceobhrán faoi deara arís. Airíonn sé an taise á sníomh féin isteach faoina thuineach ag cur dinglis ar a chliabhrach. É anois amhail is nach raibh sa mheascán úd de theas agus solas ach brionglóid de chineál. Iarla á cháineadh féin faoi mhíogarnach a theacht air, mar a shíleann sé a bheith tarlaithe, nuair is é is tábhachtaí ná go dtabharfadh sé lán a airde ar a bhfuil le déanamh. Ciúnaíonn sé a smaointe, éiríonn den charraig agus déanann ar ais i dtreo na buíne.

12

Beag is fiú á dhéanamh ag an duifean ar iarrachtaí na gréine briseadh tríd. Gan ach an ghile is lú in Éirinn á léiriú féin ag pointe ar leith sa spéir a thugann le fios d'Iarla agus a bhuíon fear go bhfuil siad i bhfoisceacht uair an chloig don mheánlae. Coisíocht cháiréiseach fúthu agus iad ag dul síos le fána ó dheas ar Chnoc na Mainistreach. An charraig spiacánach níos géire orthu fiú ná mar a bhí ar an dtaobh ó thuaidh den sliabh. Ba ró-fhurasta ar fad a leagfaí cos go fánach ar sciollach scaoilte na ndromanna sléibhe atá á siúl acu, agus daorfaí an mac Dé bocht a dhéanfadh go bun na haille. Cheana féin, agus iad ag bogadh ó laftán go laftán, tá idir bhlaoscanna cinn agus easnacha mhórán ainmhithe a thit go tóin poill rompu.

Ar shroicheadh bhun Chnoc na Mainistreach dóibh, tá cuid mhaith de sciollach an tsléibhe le trasnú acu i gcónaí. Lena sheachaint, beartaíonn Iarla nach fearr a dhéanfaidh siad ná déanamh lom díreach ar thalamh mhéith ghlas an cheantair ar a thugtar Mainistir Thoir. Cé go dtabharfaidh an cúrsa seo iad rud beag níos gaire d'arm Dhonncha ná mar ab áil leo, tá de bhuntáiste leis nach mbeidh siad á dtuirsiú de shíor ó bheith in achrann leis an gcloch. Cinneadh tomhaiste deimhnitheach é sin ag Iarla, díreach mar b'amhlaidh le gach cinneadh atá déanta aige go dtí seo. Tús áite ag sábháilteacht, agus leas na bhfear ina intinn aige i gcónaí. Tuigeann sé go bhfuil dóthain díobh i measc na buíne a thuigeann chomh tábhachtach agus atá sé bogadh go haclaí íseal deifreach ar thailte atá chomh hoscailte is atá siad sin a bhfuil siad ag dul isteach orthu.

Ní fada iad ag trasnú na hinnilte nó tagann siad go cró cloiche nach bhfuil ainmhí ná duine ann. Is léir, agus é chomh gar don mainistir is atá, gur áit í ag na manaigh chun cúram a gcuid ainmhithe a dhéanamh. Ní túisce istigh ann do fhir Iarla nó caitheann siad uathu ualach a gcuid arm agus ligeann a scíth in aghaidh na mballaí. Iad ag ceadú dá gcoirp agus dá meonta titim ón bhfaoiseamh isteach sa chompord nuair a roptar den tsuaimhneas sin iad ag béic.

"A Iarla, a Iarla, breathnaigh," arsa Caltra, go sceitimíneach. Tá an stócach tar éis a bhealach a dhéanamh amach ón gcró agus tá méar sínte aige i dtreo chrainn chromtha aonair, a sheasann suas le scór coiscéim amach ón dtearmann cloiche. Tá an uile dhuine taobh istigh den chró ar a gcosa láithreach agus druideann Iarla agus Riordán leis na ballaí chun breathnú amach ar Chaltra, atá anois ag druidim níos cóngaraí don bhfeic a bhfuil méar sínte aige leis. Cúngaíonn an bheirt istigh a súile in aghaidh an cheobhráin agus, de réir a chéile, déanann siad ciall den rud a fheiceann siad ar crochadh ar cheann de ghéaga an chrainn.

"Is é Naoise atá ann," arsa Caltra, agus breathnaíonn sé an corp diúg-shilte tráite atá ag sliobarnaíl go fann den ghéag. "Níor éirigh leis an t-aistear ar ais go campa Dhiarmada a chur de."

"Naoise!" arsa Iarla, agus breathnaíonn sé ar Riordán, ansin amach ar an stócach atá lasmuigh den chró i gcónaí. "Isteach leat go beo, a Chaltra, a bhuachaill," a bhéiceann sé. Ach níl a fhios ag an diabhal bocht d'óganach an ann nó as é lena bhfuil de thurraing faoi. Féachann sé siar ar Iarla, ansin ardaíonn a shúile leis an gcorpán athuair, rud nach ndéanfadh, b'fhéidir, dá gceadódh an solas dó lán-uafás an tsléachta a fheiceáil ina cheart.

"Isteach anois, a Chaltra," arsa Iarla de ghlam, agus meascán den fhearg agus den imní air faoina bhféadfadh tarlú fós. Téann boirbe ordú Iarla i gcion ar Chaltra agus cúlaíonn an fear óg ón gcorpán crochta. Ansin, agus rud beag den aithne ar ais chuige, braitheann sé rian den dainséar ar an aer, rud atá aitheanta ag Iarla cheana féin. Leis sin, casann sé agus deifríonn ar ais chun an chró.

Agus é sábháilte ar ais idir na ballaí cloiche, buaileann féidearthacht an dainséir go hiomlán é. Tá sé amhail is nár cheadaigh sé dó féin a raibh á fheiceáil aige a thuiscint go dtí seo. Agus anois, agus é sa tearmann cloiche athuair, ligeann sé le sruth é an teannas a líon a chroí. Tagann gar-anáil air agus airíonn sé a chroí ag rásaíocht leis ina chliabhrach istigh. Íslíonn sé é féin leis an mballa agus brúnn a dhroim go teann láidir leis an gcloch.

"Tóg go bog é, a mhic," arsa Riordán, agus é ag druidim suas leis. "Bog, bog, a bhuachaill," arsa an leifteanant, agus é anois ag seasamh os cionn Chaltra agus leagann sé leathlámh ar cheann an stócaigh. "Go réidh, mar a chaithfeadh marcach le heach sceitimíneach. Análú réidh tomhaiste, a chara," ar sé, agus cromann sé taobh le Caltra len é a shuaimhniú.

"A Riordáin," a chloistear á bhéicíl áit éigin lasmuigh de na ballaí. Glór Iarla atá ann. Éiríonn an t-oifigeach láithreach, breathnaíonn amach thar na ballaí agus feiceann an taoiseach óg lasmuigh, agus é ag druidim i dtreo chorpán Naoise. "Focal agam leat anseo nóiméad, le do thoil," arsa Iarla.

"Cinnte," arsa Riordán, agus cromann sé taobh le Caltra soicind. "Tóg d'am, a bhuachaill," ar seisean leis. "Análú réidh tomhaiste, díreach mar a dúirt mé, agus beidh mé ar ais chugat i gceann scaithimhín." Leis sin, éiríonn sé athuair agus déanann i dtreo an taoisigh óig.

Is ar an talamh atá Iarla ag breathnú nuair a thagann an t-oifigeach a fhad leis.

"Breathnaigh go grinn air, a Riordáin," arsa an taoiseach, "ar na lámha, ach go háirithe."

Tagann an seanfhondúir i dtreo an fhir chrochta. Tá a chroí tuartha leis an anró ag a bhfuil d'uafáis feicthe aige thar na blianta agus is beag a d'fhéadfaí a shamhlú a chuirfeadh as dó ar an dóigh a chuirfí as do dhuine éigin eile. Díríonn sé a dhearcadh ar lámha Naoise, díreach mar a mhol Iarla dó a dhéanamh agus, de réir mar a dhéanann sé ciall den rud atá os a chomhair amach, freangann sé agus cúlaíonn siar ón bhfeic. Ardaíonn sé leathlámh lena bhéal chun bac a chur ar an múisc a airíonn sé ag éirí aníos as an ionathar ann. Ach, d'ainneoin na hiarrachta sin, éalaíonn domlas donnghlas sramadais amach trí mhéara na láimhe air, agus screamhóga bia measctha tríd. Casann sé a dhroim lena chompánaigh agus déanann gach a bhfuil ina bhoilg a aiseag.

"Ní fhéadfadh sé gur rud daonna ná ainmhíoch a rinne seo dó," arsa Iarla.

Casann Riordán chun an corp a bhreathnú den dara huair. Freangann sé arís nuair a luíonn a shúil ar an bhfeoil stróicthe liobarna a shíneann síos i dtreo na talún de dhá chos an chorpáin. Agus ní hann don chnámh íochtair ar cheachtar den dá lámh ar chor ar bith. Airíonn sé an suaitheadh á chorraíl féin sna putóga arís ach, an babhta seo, éiríonn leis é a cheansú.

"Níl ach an t-aon neach amháin atá ar m'eolas agam a d'fhéadfadh barbarthacht mar seo a imirt," arsa Riordán, agus is léir rian na scéine ar shúile an oifigigh agus é ag breathnú ar Iarla.

"Feardorcha!" arsa Iarla, agus a shúile féin á leathadh.

"É féin amháin, a Iarla."

Casann an bheirt a súile chun breathnú uathu ar mhainistir na gcléireach, í sin a bunaíodh an chéad lá riamh in ainm Dé, in ainm na síochána, in ainm na maitheasa.

* * *

"Déan iad a ghearradh agus a leadradh le lann a líofa, a fheara, agus má loiceann aon fhear orm san iarracht, beidh díoghail an diabhail le híoc aige as an teip sin," a bhéiceann Feardorcha ar na trúpaí, agus é ag céimniú siar agus aniar go meilteach ar chloichíní chearnóg na mainistreach. Tá súile an uile shaighdiúra dlúite leis agus é ag siúl. Léimeann lasracha bladhmacha buí timpeall ar bholg an chorcáin mhóir dhuibh atá ar crochadh ar fhráma storrúil adhmaid i lár an chlóis. Tá idir phota agus fhráma daingnithe ar na taobha ag rópa mór tuí le nach féidir leis an gcorcán iompú bun os cionn. Dá ngearrfaí an rópa céanna ní bheadh insint ar an scrios a dhéanfaí ar dhuine nó ainmhí a bhéarfaí air sa sruth. Tá loinnir gheal dhamhsach na mbladhmanna le feiceáil á dteilgean féin i ngile mhiotalach an uchtphláta dúghorm atá á chaitheamh ag Feardorcha. Ach níl le feiceáil den fhear dubh féin ach a dhá shúil ghéar agus iad ag breathnú amach trí scoilt oscailte an chlogaid.

"Níl sa namhaid seo romhainn ach dríodar na

daonnachta," arsa Feardorcha. "Is measa iad ná an rud is suaraí dá bhfuil ann, agus is ar an mbonn sin amháin is cóir caitheamh leo." Stopann sé den tsiúl agus amharcann go lom díreach ar an gcomhthionól.

"Ná ligigí a dhath tharaibh, a fheara," ar sé, "caithigí leo mar a chaithfí le creimeach a d'ardódh ceann ar chloch."

Meascán den chantaireacht agus ghnúsacht dhroch-thuarach a eisíonn na fir mar fhreagra air.

"Ná bígí sásta ná leath-shásta le bhur n-iarrachtaí nó go smeartar lanna bhur gclaímhte go feirc ag folracht na gcéadta marbh," arsa an leifteanant, agus é ag ealaín go slíbhíneach le meonta na saighdiúirí.

Is bunúsaí é freagra na bhfear an babhta seo ná cheana, é ainmhíoch go cinnte, seachas daonna. Méadaíonn cliabhrach Fheardorcha le teann uaibhris agus lán a fhios aige go bhfuil greim docht aige ar chroíthe agus meonta bhaill na droinge.

"Déan a gcroíthe a stróiceadh as a gcliabhraigh agus a súile as a gceanna. Bíodh géaga agus cloigne agus gach ball coirp eile le feiceáil ar fud na láithreach troda, é sin mar fhianaise nach seasfar i mo choinnese gan íoc go daor as."

An tormán ainmhíoch céanna ag na fir arís agus greim ag fiabhras fraochta éigin ar a gcroíthe. Is i nganfhios dóibh a dhruideann Donncha taobh thiar de cheann de cholúin aolchloiche an chlabhstra. Tá scáth dorcha na himní á leathadh féin ar éadan an taoisigh. A fhios aige go bhfuil gach smacht, gach údarás dá raibh riamh aige ar na saighdiúirí seo caillte anois aige, iad anois faoi ghreim ag máistir na doircheachta – doircheacht atá ag at agus ag abhrú uirthi féin ar feadh an ama.

Ach tá onóir agus féinmheas Dhonncha á gcruinniú féin

in aghaidh an ainbhirt. Tréithe iad sin beirt – onóir agus meas – is dual do na Brianaigh uile, cuma cén taobh den achrann iad. Agus, cé go n-airíonn Donncha go bhfuil an iarracht cham atá á himirt ag Feardorcha ina choinne á chur faoi, tá a fhios ag an taoiseach go gcaithfidh sé rud éigin a dhéanamh chun an fód a sheasamh in aghaidh an oilc. Airíonn sé borradh na hagóide ann féin agus tuigeann sé, cuma an é a thoil nó a neamhthoil is cúis leis, go bhfógróidh sé dúshlán de chineál éigin in aghaidh a bhfuil ag tarlú. Tá na trúpaí gar do bhuaicphointe na histéire nuair a thugann Donncha dúshlán Fheardorcha.

"Feallaire," a bhéiceann an taoiseach ar ard a ghutha. Déanann fógairt an fhocail aonair sin brat an chiúnais a leathadh ar an gcomhluadar fraochta agus casann gach aon duine díobh chun breathnú ar an mBrianach. Preabann an focal ina mhacalla ó bhalla go balla taobh istigh den chlabhstra. Airíonn Donncha an uile shúil air, an uile shúil ina choinne – gach uile shúil – agus, thar súil ar bith eile, súile Fheardorcha: iad ina choinne, iad ag dul tríd, iad á dhó leis an nimh fraochta atá i gcroí an oifigigh dá thaoiseach. Agus tá an ciúnas atá ann fada arraingeach, é lán de ghoimh.

"Gabhaigí é," a ghlamann Feardorcha, agus cuireann sé fad leis an ordú agus é á thabhairt, é fadcheannach glic ina chaint, é ar a dhícheall fuinneamh na mailíse atá cruthaithe aige go dtí seo a choinneáil ag imeacht.

Ní túisce an t-ordú as béal an leifteanaint nó tá Benignus taobh le Donncha, agus taobh le Benignus féin tá an giolla úd a d'fhógair teacht an tsean-mhanaigh chun cainte leis an taoiseach sa phroinnteach ar ball.

"As seo go beo, a Dhonncha," arsa Benignus go

húdarásach, agus sula nasctar súile an taoisigh de shúile an daill, fiú, tá Donncha scuabtha chun bealaigh ag an ngiolla.

"Gabhaigí é," a bhéiceann Feardorcha den dara huair. Ach tá Donncha imithe as radharc orthu cheana féin, é á thabhairt go cillín rúnda in ionathar na mainistreach, áit a mbeidh sé glan ar dhochar. Ach is é Benignus dall a sheasann amach go dána faoina bhfuil de sholas ar chearnóg na mainistreach. Geal soilseach iad súile an tseanfhir agus ní fearr duine a thuigeann a bhfuil de chumhacht sna súile céanna ná Feardorcha an oilc.

"Fanaigí," arsa an t-oifigeach go grod, é anois ag cur srian ar an dúil sa chuisleoireacht atá cothaithe aige i measc na bhfear. Tá a chroí féin ag preabarnach in aghaidh na n-easnacha air. Atann polláirí na sróine air, mar a tharlaíonn dó i gcónaí in am na feirge. Ach, d'ainneoin sin, éiríonn leis guaim a choinneáil air féin agus ligeann sé don racht é féin a chiúnú roinnt. "Fanaigí," ar sé arís, é níos sibhialta agus é á rá an babhta seo. Agus breathnaíonn ionstraim seo na mailíse go géar ar fhear an dúshláin. Ard é ceann an mhanaigh, báine ná an bán féin é solas na súl air, cumhachtaí é a dhearcadh ná aon dearcadh eile. Ina am féin amháin a chasann Benignus a dhroim le Feardorcha agus gluaiseann leis go mall fad an chlabhstra cholúnáidigh síos nó go n-imíonn sé as radharc orthu agus leanann sé bealach Dhonncha roimhe go hionathar na mainistreach. Faoiseamh thar rud ar bith eile a airíonn Feardorcha, agus an manach imithe. Análú fada faghartha a dhéanann sé, an dá shruth galach á n-eisiúint as na polláirí in aghaidh thaise aer an Fhómhair. Tá an dúshlán cealaithe go fóill.

Mall mall a scinneann súil Fheardorcha aghaidheanna

na bhfear a sheasann os a chomhair amach. Iad fós go hiomlán faoi gheasa aige agus gan a fhios ag oiread agus duine amháin díobh faoi mar a rinne an seanmhanach dall uirísliú air roinnt uaireanta an chloig ó shin. É de shásamh aige go bhfuil Donncha go hiomlán as an áireamh ag an bpointe seo agus gur aige féin a bheidh bua an lae seo, más ceart é ceart ar chor ar bith. Tuigeann sé chomh maith a thábhachtaí is atá sé a chuid fear a choinneáil ar bior nó go ndéantar gach a bhfuil le déanamh a chur i gcrích.

"Maraigh," ar sé go bog. "maraigh," ar sé den dara huair, agus faobhar air an babhta seo. "Maraigh," ar sé fós eile, agus gan rian ar bith den tséimhe air mar ráiteas an uair seo. Agus tá an monabhar manránach á tosú i measc na bhfear cheana féin.

"Maraigh," ar siad, agus boige ar an bhfocal, mórán mar a bhí nuair a dúirt Feardorcha féin den chéad uair é. Ach ní fada é rian na goimhe ag teacht ar an bhfocal uathu, díreach mar a theastaigh ó Fheardorcha go mbeadh. Agus, faoi seo, tá a n-arm á bpumpáil san aer ag na saighdiúirí agus cantaireacht an fhocail ag méadú agus ag abhrú go gangaideach air féin. "Maraigh-maraigh-maraigh-maraigh-maraigh …"

* * *

Go héagothrom malartach a iompraítear an chantaireacht ar aer tais na Boirne agus tugann Riordán suntas don manrán a chloiseann sé chuige, é ar a dhícheall ciall a dhéanamh de. Bogann sé amach soir ón gcró.

"A Iarla," ar sé, agus sméideann sé ar an dtaoiseach óg teacht chuige. Nuair a shroicheann an Brianach é, siúlann siad beirt a fhad le sciollach an tsléibhe, ansin cromann taobh le chéile. "Éist," arsa an seanóir, agus sméideann sé i dtreo na mainistreach. Ardaíonn Iarla a chluas agus tugann lán-aird ar an gcantaireacht, ansin déanann sé féin ciall de chomh maith.

"Tá tráth an áir ag druidim linn, a Iarla," arsa Riordán. "Ní féidir fir a ghriogadh ar an dóigh sin agus iad a chiúnú ina dhiaidh. Is iomaí saighdiúir nach bhfuil fiú leath chomh cáilithe le Feardorcha a thuigeann an méid sin. Tá sé á n-ardú agus á ngríosú agus bí cinnte de nach bhfuil aon rún aige é sin a dhéanamh den dara huair."

"Tá tú ceart sa mhéid a deir tú, a chara liom," arsa Iarla. "Ach céard é is fea–"

"A Iarla, a Iarla, a thaoisigh," a bhéiceann Caltra, agus é ag gearradh isteach go lom trasnach ar chaint an Bhrianaigh. Tá an t-ógánach ina sheasamh anois san áit ar lig sé droim le balla ar ball beag agus tá sé ag breathnú amach siar uaidh. "Is é Diarmaid atá chugainn," ar sé, "Diarmaid agus a arm fear."

Breathnaíonn an taoiseach óg agus an leifteanant siar i dtreo an chró ach is beag is féidir leo a fheiceáil toisc tibhe an cheobhráin ina dtimpeall.

"Is é Caltra," arsa Riordán. "Is dóigh liom go bhfuil rian den rámhaille air ó chonaic sé an sléacht a rinneadh ar Naoise bocht. Ach seo, tar liom," ar sé, agus beireann sé ar leathuillinn ar Iarla agus ritheann leis ar ais chun an chró. Agus iad i ngaireacht don chró, is fearr é a radharc ar chúrsaí siar uathu agus tuigeann siad nach rámhaille ar bith a bhí ar Chaltra nuair a d'fhógair sé teacht Dhiarmada. Siar uathu, ag ceann eile na páirce ar a throidfear cath an lae, tá saighdiúirí Dhiarmada chucu ina línte catha. Siúlann Iarla agus Riordán chucu chun fáilte a chur roimh a mbráithre.

13

Tá furú oibre 'gus cainte ar fud tí an Bhlácaigh i nGaillimh. Searbhóntaí, idir fhir agus mhná, isteach 's amach ó lár na maidine, iad ag réiteach truncanna éadaigh faoi choinne aistear Shorcha. Tá Madame le Blake agus a hiníon, Veronique, mórán ar aon mhéid le Sorcha agus ní haon ní dóibh é scarúint le cuid dá ngúnaí. Go deimhin, seachas aon rún daonchairdis a bheith taobh thiar de mar ghníomh, is mó is leithscéal acu é chun go líonfaidis a vardrúis féin as an nua le cultacha úra. Deis acu dá bharr breathnú ar na hearraí síoda agus lása is nua-thagtha ón Iodáil, nó na héadaigh sróil atá ag teacht le déanaí as tSeutung, príomh-chalafort Cathay na hÁise.

"É ag druidim le cúig nóiméad déag tar éis a haondéag, a Bhantiarna Sorcha. An nglacfaidh tú béile linn thíos staighre i gceann leathuaire nó mar sin?"

Briseann caint bhean an Bhlácaigh isteach ar smaoineamh Shorcha agus croitheann í rud beag.

"Glacfaidh cinnte, Madame. Go raibh maith agat," arsa an bhean óg, agus baineann sí a cosa de chlár leathan an tsuíocháin fuinneoige, áit a raibh a scíth á ligean aici le tamall. Breathnaíonn sí ar bhean an tí agus í ina seasamh idir an dá ursain. Bean ghrástúil í – í ard caol – agus is léir uirthi gur chaith na blianta go maith léi.

"Ceathrú chun a dódhéag, más ea, Madame."

"Go díreach é, ceathrú uair roimh nóin," arsa bean an tí agus imíonn sí.

Na smaointe ag cúrsáil trí intinn Shorcha athuair. Í ag

smaoineamh ar Iarla thar aon ní eile. An áit a bhfuil sé, a bhfuil ar siúl aige, an fhéidearthacht go mb'fhéidir, ar chúis nach raibh aon choinne leis, go bhfuil an cath ar ceal – iad sin ar fad atá mar smaointe ina hintinn aici. Agus, dá gcealófaí an troid, bheadh an uile ní suaimhneach síochánta, mar ba chóir. Ach, d'ainneoin a hóige, tuigeann Sorcha, ach an oiread le duine ar bith eile, nach mar sin a bhíonn an saol. Tá an chogaíocht mar chuid de dhéanamh a muintirse leis na cianta. Agus, cé gur ar Iarla atá a smaointe don chuid is mó, níl a hathair, Mathún, á ligean i ndearmad aici, agus mórán eile dá gaolta ar an dá thaobh a sheasfaidh in aghaidh a chéile sa troid.

Is deas mar atá caite ag na Blácaigh léi ó tháinig sí ina measc. Tá mná an tí tuisceanach cineáta aireach, ach iad neamhthreallúsach ag an am céanna. Maidir le fear an tí féin, is trí'n ghníomh a léiríonn seisean na suáilcí a bhaineann leis. Is duine pragmatach é agus ní beag é an sásamh atá bainte aige as gníomhú ar son Sorcha agus François sa chás seo. Níl insint ar an ardú meanma a thug sé dó dul i mbun ghnó le húdaráis an chalafoirt maidir leis seo, agus ní beag é an fhéintábhacht a airíonn sé toisc é a bheith ar a chumas na fábhair atá ag dul dó a iarraidh. Dar leis, léiríonn sé a leibhéal stádais dóibhsiúd thart air gur féidir leis na cúrsaí seo a láimhseáil ar an dóigh seo.

Ach is dorchaí i bhfad iad smaointe Shorcha ná an imní atá uirthi i dtaobh Iarla. Tá a hintinn agus a croí ualaithe faoi bhuairt nach féidir léi labhairt faoi. D'ainneoin chineáltacht mhná an tí seo, ní féidir leis an mbean óg a dhath a rá leo faoin éigniú atá déanta ag Feardorcha uirthi. Tá sí ciaptha ag scátha dorcha ina hintinn – iad á céasadh, á crá – agus tá na cuimhní atá aici ar ar tharla di ag abhrú orthu féin agus ag cur leis an míchompord fisiciúil a airíonn sí. Ní beag é cheana féin pian na ngonta, áit a bhfuil feoil an dá leis stróicthe uirthi. Agus is measa míle uair ná sin an seans, an faitíos uafar fuaiscneach go mb'fhéidir go bhfuil síol linbh ag fás inti cheana féin. Agus, más amhlaidh atá, ní féidir fios a bheith aici an é síol Donncha aoibhinn a croíse é nó síol Fheardorcha na bhfeall.

Buille an ghanga phráise i halla an tí thíos a dhéanann Sorcha a ropadh as támhnéal an smaoinimh. Í chomh domhain sin sa smaoineamh ó chuir bean uasal an tí isteach uirthi ar ball beag go bhfuil an t-am imithe i nganfhios di. Seasann sí, díríonn an feisteas uirthi féin, scuabann rud nó dhó nach ann dóibh ar chor ar bith dá gúna agus déanann ar an gcomhluadar thíos.

* * *

Orduithe á radadh, gliúrascnach mhiotail ar mhiotal agus meilt chosa in aghaidh ghairbhéal chlós na mainistreach ina mhanglam toirmiúil á iompar féin ina chlaisceadal míbhinn ar an aer. Tá an fráma leis an gcorcán mór air tugtha ar aghaidh chomh fada le geata an chlóis agus an t-ola istigh ar bruith faoin teas. Tá claibín daingnithe le boltaí anuas ar bharr an chorcáin lena chinntiú nach ndoirtfear an t-ola ag a bhfuil de ghluaiseacht le teacht. Feistítear foireann damh agus ceanglaítear den bhfráma iad. Léimeann na lasracha go fíochmhar den bhfráma miotalach atá faoi bholg an phota i gcónaí, iad ag cur ar an leacht bealaithe istigh a bheith ag gliogaíl go boilgeogach air féin. Ansin, go mall cáiréiseach, cuirtear ar na daimh é a tharraingt i dtreo láthair an chatha. Agus tá Feardorcha ag breathnú air seo uile, é feistithe ó bhun go barr ina éide chatha agus é ina shuí ar dhroim staile. Tá cóta na staile chomh dubh glioscarnach le súile chinn an mharcaigh féin.

Ach, dá ghéire iad súile an ainbheartaigh, ní aimsíonn siad Benignus ag teacht amach as príomhdhoras na mainistreach, agus déanann sé a bhealach síos cosán an chlabhstra agus isteach leis trí'n doras céanna ar tugadh Donncha go deifreach tríd ar ball. Agus é istigh faoi dhíon, tá céadfaithe Bhenignus níos grinne fiú ná mar a bheadh ag an té ba ghéire súl. Cuireann sé lámh le ceann de dhá bhalla an phasáiste agus siúlann leis, é ag dul síos roinnt céimeanna agus ansin ag leanacht air nó go dtagann sé go doras chillín.

"A Dhonncha," ar sé de chogar, agus druideann sé a bhéal suas leis na barraí atá sa doras mór darach. "A Dhonncha," ar sé den dara huair, "mé féin atá ann, Benignus."

"Benignus!" arsa Donncha istigh, agus bogann sé go fraochta i dtreo an dorais agus fáisceann a aghaidh leis na barraí. "Cén scéal, a chara?"

"Táid á réiteach féin don troid."

"Á réiteach féin don troid!" arsa Donncha. "Gan mise a bheith leo! Cén chaoi troid gan a gceannaire a bheith leo?"

"Tá a gceannaire ceaptha aige féin, a Dhonncha, agus bíodh sé i ngeall ar fhaitíos roimhe nó ar fháth éigin eile, tá a ndílseacht geallta ag na trúpaí dó."

"A ndílseacht, a Bhenignus! A ndílseacht do Fheardorcha?"

"Faraor, a chara, ach is amhlaidh atá."

"Ach níl fios na maitheasa aige."

"Ní hamháin, a Dhonncha, nach eol dó maitheas ach ní spéis leis í ach an oiread, cé's moite den dúil atá aige í a scrios."

Is de chogardhomhan na rúndachta í a gcaint – í sin is gá nuair a theagmhann doircheacht agus éiginnteacht dá chéile chun an tOlc a chur in aghaidh na Maitheasa. Cúlaíonn an Brianach rud beag ó na barraí.

"Caithfear mé a scaoileadh as seo láithreach," arsa Donncha. Is mó gur ordú é mar ráiteas seachas achainí. Ansin, breathnaíonn sé go dian domhain isteach i súile bána an mhanaigh, ach ní léir dó an taobhú ná an dúshlán iontu.

"Ní dóigh liom gurb é sin is ciallmhaire, a thaoisigh." Tá a fhios ag Donncha gur le croí mór maith a deireann Benignus a leithéid leis ach ní beag, mar sin féin, mar a bhaineann loime ráiteas an tseanfhir siar as. "B'fhearr i bhfad é, a Dhonncha, go bhfanfá mar atá anseo i mbroinn na sábháilteachta."

"Ach is mise a gceannaire ó cheart, a Bhenignus. Oidhreacht agus uaisleacht na mBrianach atá i gceist anseo, seachas cneamhaireacht leithleach an drochfhir seo atá imithe ó smacht."

"A Dhonncha, a thiarna, tá sé den tábhacht agus den phráinn go dtabharfá aird ar a bhfuil á rá agam leat." Tá údarás ar leith agus rian an drochthuair ar chaint an mhanaigh. "Is fíor nach de na Brianaigh é Feardorcha, ach cuimhnigh nach de ghnáthdhéanamh daonna ar bith é. Ní heol dó dílseacht d'aon mháistir saolta agus ní spéis leis in am ar bith ach an t-olc, an mhailís, an scrios. Agus, ag an bpointe seo, níl a dhath ar féidir leatsa a dhéanamh chun a bhfuil le teacht a athrú."

Cromann Donncha a cheann ina chroí istigh, tuigeann sé gaois an mhéid atá á rá ag Benignus leis, díreach mar a aithníonn sé fíréantacht an mhanaigh shéimh chéanna a chomhairligh dó ar ball gan dul le cogaíocht ar an gcéad dul síos. Ach tuigeann Donncha chomh maith go bhfuil sé ró-mhall anois glacadh le comhairle an tseanfhir agus go bhfuil tosaíocht glactha ag cúrsaí drochthuaracha eile ar an rogha sin.

"Is fearr go bhfanfá anseo faoi chúram shábháilteacht na mainistreach, a thaoisigh," arsa Benignus leis. "Nuair atá deireadh déanta, beidh tú ar dhuine den bheagán nach bhfuil i measc na marbh nó nach bhfuil máchail saoil fágtha air."

Agus leis sin, casann an fear cráifeach ón doras darach agus bailíonn leis. É imithe chun aghaidh a thabhairt ar a bhfuil le teacht. É imithe chun a bhfuil le déanamh a chur i gcrích.

* * *

Tá an ceo ardaithe cuid mhaith den gharraí ar a dtugann na manaigh féin an Garraí Fada, áit a throidfear an cath. Tá Diarmaid agus a chuid oifigeach cúlaithe siar ón láthair agus tá siad i mbun cainte agus pleanála sa ráth tréigthe atá ar chiumhais na láithreach troda. Is áit í seo a cheadaíonn don phríobháideachas is gá ach a ligeann do lucht faire seasamh ar bhruach an rátha agus gach aon chor a fheiceáil ar an láthair chatha féin. Cé nach bhfuil cur amach ar fiú trácht air ag duine ar bith díobh ar an áit ina bhfuil siad, tá sé le braithstint gur áit í a bhfuil macalla na staire ann, áit a mhaíonn a cuimhne féin ar shaighdiúirí mar iad, a sheas ar an láthair chéanna thar na cianta agus atá anois ar bhealach na fírinne.

Seasann Diarmaid i gceartlár chiorcal na bhfear.

Scinneann a shúile go réidh ó oifigeach go hoifigeach, é ar a dhícheall chun iad a mheanmnú, iad a láidriú idir chroí agus intinn don choscairt atá le teacht.

"A fheara Thuadhmhumhan," ar sé, ansin stopann dá chaint soicind nó dhó. "A fheara Thuadhmhumhan," ar sé den dara huair, "agus bíodh a fhios agaibh nach fearr ann ná sinn." Agus súnn sé isteach an t-aer Boirneach go mall fada domhain, a scámhóga á líonadh aige le teann an bhróid a airíonn sé i leith gach aon fhear a shuíonn go haireach timpeall air. "Más as Tuadhmhumhan sinn, a fheara Gael, is mithid dúinn a bheith cróga, is mithid dúinn a bheith dílis, is mithid dúinn a bheith bródúil. Sinne sliocht sleachta ár sinsear siar na blianta." Agus stopann sé dá chaint arís agus oibríonn a shúile ar an uile shaighdiúir a shuíonn timpeall air. "Ba Bhrianaigh agus Mathúnaigh iad ár n-aithreacha agus aithreacha a n-aithreacha siúd; ba Choinsidínigh agus Dálaigh iad; ba de chuile chlann uasal ar de bhunús Thuadhmhumhan iad. Agus ba iomaí uair thar na blianta, ar laethanta den chineál seo, gur chrom siad a gcloigne agus d'iarr ar ár Slánaitheoir, Íosa Críost, breathnú anuas orthu agus iad ag dul chun troda. Gach aon mhac díobh ag impí go spárálfaí é ar an anoircheas a bhí i ndán dá chomrádaithe a sheasfadh chaon taobh de. Agus, dá mba é a bheadh i ndán dó nach spárálfaí ar sin é, ghuífeadh sé gurbh é an bás tapa glan neamhphianmhar a bheadh roimhe."

Fásann focail an taoisigh orthu féin agus tá gus paiseanta fúthu agus é á dtabhairt. Titeann siad dá bhéal go héasca agus is beag nach gceapfá gur dá ndeoin féin a chumtar iad. Ach an oiread leo siúd atá ag éisteacht lena dheisbhéalaí, is de Thuadhmhumhan agus den Ghael é féin. Caint ghriogach spreagúil anamúil is dual dó, díreach mar ba dhual dá shinsear é ar feadh na mblianta. Agus, go deimhin, i bhfad i ndiaidh do Dhiarmaid féin a bheith curtha faoin gcré, beidh caint mar í le cloisteáil ag sliocht a shleachta ar laethanta mar seo.

Tá Iarla ina shuí sa chomhluadar, agus taobh leis tá Riordán. A súile casta suas ina gceanna acu beirt. Iad ag breathnú ar Dhiarmaid agus ar an gcaoi a bhfuil an comhthionól faoi gheasa aige lena chaint. Tá bealach mealltach ag an taoiseach a chuireann ar a chumas aird na bhfear a choinneáil, agus iad á líonadh aige leis an mbród agus leis an bpaisean ceannann céanna atá ina chroí féin. Cuimhníonn Iarla ar líon na n-uaireanta le linn a óige ar chuala sé a athair i mbun na hoibre seo. Ach tá de dhifríocht ann sa chás seo gurb í seo an chéad uair riamh a rachaidh siad beirt le chéile amach ar mhá an áir. Ní hí an chéad uair, áfach, ar tháinig an smaoineamh isteach in intinn an fhir óig go mb'fhéidir nach dtiocfaidh duine díobh – nó b'fhéidir an bheirt acu, go deimhin – slán ar an sléacht.

"Beirigí dóchas agus beirigí bua, a fheara," arsa Diarmaid.

"Dóchas agus bua," arsa na fir d'aonghuth mar fhreagra air, agus seoltar na focail i bhfad amach thar bhruach an rátha nó go sroicheann siad na trúpaí, áit a bhfuil siad ag fanacht i gcónaí le go go bhfille na hoifigigh orthu.

"Dóchas agus bua, dóchas agus bua," a bhéiceann na saighdiúirí amuigh ar an nGarraí Fada, agus fásann sé ina chantaireacht leanúnach. Ar dtús, ceapann Diarmaid agus na hoifigigh gurb é macalla a bhfocal féin atá á chloisteáil acu ach ní fada nó go dtuigeann siad gur mó agus gur láidre ná sin é, gurb iad na fir lasmuigh atá á mbéicíl. De chasadh boise, i ndiaidh don tuiscint sin teacht chucu, seasann an uile fhear atá istigh sa ráth agus déanann siad ar bhruach an áitribh. Agus a bhfuil le feiceáil amuigh rompu, d'ardódh sé croí an mharbháin féin. Tá trúpaí Dhiarmada sa gharraí, gach aon mhac Chríost díobh ina sheasamh agus a n-arm á bpumpáil san aer acu, agus na focail a chéad-tháinig as béal a dtaoisigh féin mar chantain acu. Breathnaíonn na hoifigigh ar a chéile ar bharr an bhruaigh. Níl smid den amhras ina gcroíthe acu ach go dtabharfaidh a gcuid fear idir fhuil agus allas, go dtabharfaidh siad a mbeatha féin don iarracht ar an lá mór seo, go deimhin, más é sin is gá.

Ach ní géire intinn ná intinn Dhiarmada. Is ró-mhaith ar fad a thuigeann seisean an rud céanna a thuig a chol ceathar Donncha ar ball agus é ag tagairt don ghríosadh a bhí déanta ag Feardorcha ar shaighdiúirí na Rua-mBrianach. Tá a fhios ag Diarmaid go gcaithfear stop a chur le múscailt misnigh na bhfear sula dtéann sé thar fóir agus nach féidir é a stopadh. Ardaíonn an taoiseach a dhá lámh go hard san aer mar iarracht ar na fir a chiúnú. Ach, ar mhí-ámharaí an tsaoil, nuair a fheiceann na troithigh Diarmaid uathu agus na lámha ardaithe aige mar atá, ceapann siad gur á ngríosú fós eile atá sé agus, in áit iad féin a chiúnú, is é an chaoi go dtéann siad le báiní ar fad le teann díograise. Tuigeann Diarmaid láithreach a bhfuil ag tarlú dóibh agus tá sé díreach ar tí orduithe a radadh leis na hoifigigh dul i measc na bhfear gan mhoill nuair a scairteann duine de na fir faire atá go hard ar chrann ar chiumhais an rátha air.

"A Dhiarmaid, a thiarna, a Dhiarmaid," ar sé, agus

aithníonn an taoiseach rian na práinne ar an nglaoch.

"Garraí na Mainistreach," arsa an fear faire, agus síneann sé méar i dtreo an gharraí atá taobh thuas den Gharraí Fada. Cúngaíonn Diarmaid a shúile agus breathnaíonn sé uaidh, agus leathnaítear ar na súile sin ag a bhfeiceann siad. Tá saighdiúirí Dhonncha ag teacht i dtreo an Gharraí Fhada ina gcathlán, agus an falla a scarann é ó Gharraí na Mainistreach trasnaithe ag go leor acu cheana féin. Agus is léir do Dhiarmaid gurb é Feardorcha atá mar cheannaire orthu.

"Céard faoi Dhonncha?" arsa Iarla, agus é ag casadh i dtreo an taoisigh, ansin i dtreo Riordáin.

Tá súile an bheirt seanóirí snaidhmithe dá chéile soicind nó dhó, ansin breathnaíonn siad uathu.

"Ní cás linn sin anois díreach, a Iarla," arsa Riordán. "Anois, bogaimis gan mhoill."

"Teannaimis leis na fir go beo," arsa Diarmaid leis na hoifigigh, agus déanann siad mar a deirtear leo. De rúid a thrasnaíonn siad an garraí, gach aon oifigeach díobh ag déanamh caoldíreach ar a chomplacht féin.

"A Iarla," a bhéiceann Diarmaid lena mhac sula n-imíonn an fear óg leis na hoifigigh eile. Casann Iarla, ansin bogann athair agus mac i dtreo a chéile agus beireann barróg mhór ar a chéile. Is teann láidir mar a fháisceann chaon duine díobh an fear eile, Iarla faiteach go mb'fhéidir nach dtiocfaidh Diarmaid slán ar scliúchas an lae, agus seantaithí an taoisigh ag meabhrú dó féin nach aon mheasúnóir ar aois ná aclaíocht í an chogaíocht. Leis sin, brúnn an t-athair a mhac amach uaidh píosa.

"Tóg seo, a Iarla," ar sé, agus síneann sé a dheasóg isteach faoina uchtphláta agus tógann amach sparáinín beag leathair. Cuireann sé i lámh Iarla é.

Breathnaíonn Iarla ar an sparán, ansin ar Dhiarmaid, agus ina dhiaidh sin arís ar ais ar an sparán. "Do sheanathair a thug seo domsa agus is duitse anois é, a mhic liom. Agus, le cúnamh Dé, nuair a thagann sé in am duit féin é a thabhairt ar aghaidh do do mhacsa, beidh sé de dheis agus de ghaois agat é sin a dhéanamh."

Déanann Iarla ar a bhfuil sa sparáinín a bhaint as ach cuireann Diarmaid cosc air láithreach gan sin a dhéanamh.

"Ná déan," arsa an taoiseach, agus fáisceann sé a lámh go teann ar chiotóg a mhic. "Ina am tráth féin a bhreathnóidh tú air," ar sé, "ach go fóillín beag, cuir isteach faoi d'uchtphláta féin é agus beir leat é mar atá déanta agamsa le blianta maithe anuas." Agus breathnaíonn sé go domhain grámhar isteach i súile gorma Iarla. Súile na máthar a rug sé leis ón mbroinn. "Anois imigh, a mhuirnín," arsa Diarmaid, agus daingníonn sé a chroí in aghaidh an mhaoithneachais atá á ardú féin ann. "Tá cogaíocht le déanamh, a bhuachaill."

Agus leis sin, scaoileann an t-athair an greim atá aige ar lámh an fhir óig, cuireann deasóg le droim a mhic agus brúnn amach chun bealaigh é. Agus é ag breathnú ar Iarla san imeacht, ardaíonn Diarmaid leathlámh lena éadain, ach titeann an deoir dá shúil d'ainneoin na hiarrachta …

14

Tá iarrachtaí uile na gréine ar an gceobhrán a dhíbirt ar thada. Go deimhin, tá gach cosúlacht ar an scéal, agus an dá arm á neadú féin ina n-ionad éagsúil, gur troime ná riamh é smúitiúlacht na haimsire. Tá oifigigh ar an dá thaobh ag ceanna na rannán, iad ag fanacht ar theacht le chéile Dhiarmada agus Dhonncha i lár na láithreach catha. Dhá phrionsa na mBrianach. Dhá phrionsa na clainne scoilte. Go ró-thobann a bhí ar oifigigh Dhiarmada deifriú go ceanna a rannán ar ball beag, é sin toisc an teacht gan choinne isteach ar an láthair troda a bheith déanta ag arm Dhonncha. Ní hamháin go bhfuil taobh Dhiarmada rud beag as a riocht i ngeall ar an deifir chéanna, ach tá gach smaoineamh go mb'fhéidir go n-úsáidfí na saighdeoirí ar an gcliathán mar straitéis rúnda scuabtha sna ceithre hairde faoi seo.

Leanann súile Iarla gluaiseacht Dhiarmada agus an taoiseach ag fágáil na ranganna ar mhuin chapaill agus ag dul i dtreo lár an gharraí chun castáil ar a chol ceathar, Donncha. Cúirtéis chatha. Ach baintear siar as an bhfear óg agus as Diarmaid féin nuair a fheiceann siad nach é Donncha a thagann as ranganna a naimhde, ach Feardorcha. Cé go bhfaca Diarmaid gurbh é Feardorcha a bhí i gceannas ar na trúpaí ar ball beag, níor shamhlaigh sé riamh go gcaithfeadh Donncha chomh taircisniúil sin le fear muinteartha is nach dtiocfadh sé a fhad leis.

Tá sleá á hiompar ag an leifteanant agus tá an phluid mháilleach, atá ag titim chun talún thar dhá chliathán na

staile duibhe ar a bhfuil sé, ag cuimilt barr an fhéir fhlich.
An smaoineamh ceannann céanna in intinn an tseanóra is
atá in intinn a mhic: cén fáth Feardorcha chuige seachas
Donncha?

"Cén fáth Feardorcha?" arsa Riordán faoina anáil, agus
ní lú a dhath é an t-iontas a dhéanann seisean de ná mar atá
déanta ag an mbeirt eile. Ní túisce an cheist as a bhéal aige
nuair a stopann an bheirt mharcach os comhair a chéile, dá
shrón na gcapall ag teagmháil dá chéile, nach mór, agus
anáil bhán na n-ainmhithe á pumpáil amach as a bpolláirí
in aghaidh na taise.

"A Fheardorcha!" arsa Diarmaid. "An é nach bhfuil sé
de chúirtéis ag mo chol ceathar teacht i mo láthair roimh
dúinn dul i gcomhrac?" Is mó, i ndáiríre, gur casaoid é an
ráiteas ná ceist.

"Ní cás liomsa do chol ceathar, a thiarna, agus ní cás
liom, ach an oiread, a ndéanann nó nach ndéanann sé ar an
lá seo."

Déanann Diarmaid bruidearnach ar chloisteáil na
soibealtachta seo ag Feardorcha. Ar éigean go bhfuil an
scór go leith bliain caite ag an oifigeach, a shíleann
Diarmaid dó féin, agus d'ainneoin ardchéim in arm
Dhonncha a bheith bainte amach aige, is cinnte nach d'aon
chlann Gaelach é agus is beag atá ar eolas ag duine ar bith
faoi. "Is mise a sheasfaidh ag ceann an airm i do choinnese
inniu, a Dhiarmaid, seachas an col ceathar suarach sin agat,
ar mó ba spéis leis teacht ar chomhréiteach leat ná dul sa
chomhrac."

"Ach níl ao–"

"Is leor sin uait," arsa Feardorcha, agus gearrann sé
isteach go borb ar chaint an taoisigh. "Tá dóthain de chaint

agus réasúnú na mBrianach cloiste agam, cuma cén taobh den chlann é. Is chun cogaíocht a dhéanamh atáimse anseo, a dhuine." Agus nascann súile na beirte dá chéile. Duibhe shúile an leifteanaint agus goirme na súl ar Dhiarmaid, agus is í an duibhe atá in ard a réime.

"Chun troda, más ea," arsa Feardorcha, agus radann sé bior na sleá isteach sa talamh taobh le capall Dhiarmada. Leis sin, sracann sé srian an eich siar, déanann an t-ainmhí a chasadh agus deifríonn ar ais i dtreo ranganna lúcháireacha na bhfear.

Suíonn Diarmaid go socair ar dhroim a chapaill féin agus é ag breathnú ar Fheardorcha san imeacht. Murach taithí aoise a bheith aige, seans go mbeadh sé níos corraithe ná mar atá ag méid an airm a sheasfaidh ina choinne. Beireann sé go réidh ciúin ar shrian a chapaill, casann go séimh é, sánn a dhá shál go bog isteach i gcliathán an ainmhí agus déanann a threo ar ais i dtreo a shaighdiúirí féin. Ach, de réir mar a imíonn sé leis, cloiseann sé ardú suntasach sa chlampar taobh thiar de. Tá gluaiseacht faoi arm Fheardorcha cheana féin agus tá an gleo ag méadú air féin ar feadh an ama.

Nuair a aithníonn fir Dhiarmada gus agus díograis an namhad, tuigeann siad nach féidir gan freagra éigin a thabhairt orthu, agus beartaíonn siad féin ar thosú ar an gcineál céanna gleo. Feiceann Diarmaid a chuid fear féin chuige agus, nuair a chasann sé thart chun breathnú ar an namhaid, baintear siar as nuair a thuigeann sé a bhfuil de ghluaiseacht fúthusan. Is le lán a nirt a shánn sé na cosa isteach i gcliatháin an chapaill an babhta seo agus gluaiseann sé go deifreach i dtreo a choda féin. Síleann sé a dheasóg a ardú chun stop a chur orthu, ach ní túisce an smaoineamh sin chuige nó díbríonn sé arís é. Bheadh sé ina thuaiplis ar fad dá ndéanfaí iarracht ar iad a stopadh agus is cinnte go gcaillfidis an lá dá bharr.

Agus Diarmaid ag druidim lena arm féin, déanann sé a chapall a smachtú leis an srian agus maolaítear ar luas na gluaiseachta atá faoin each nó gur ar bhogshodar atá sé. An dara smachtú agus is ag siúl atá an capall. Ansin, lena chinntiú go mbeidh sé chun cinn ar a chuid fear, rud is dual do cheannaire a bheith, déanann sé ar chloigeann an chapaill a chasadh i dtreo an namhad. Ach, díreach le linn dó an casadh sin a dhéanamh, dingtear sleá – sleá a caitheadh i nganfhios dó – go domhain isteach sa chliathán air. Réabann barr na sleá isteach san fheoil ag an bpointe sin nach dteagmhaíonn an t-uchtphláta agus an pláta droma dá chéile agus feictear an fhuil á leathadh féin ina boilgíní ar fháinní na léine máille. Tá sé croite ar dtús, ach is aisteach ina dhiaidh sin mar a thagann ciúine chuige. Go deimhin, tá achar soicindí ann nuair is géire é a thuiscint ar an saol mórthimpeall ná mar b'amhlaidh aige riamh ina chuimhne cheana.

Agus leis sin, tagann athrú. Athrú suntasach, athrú tobann – é gach pioc chomh tobann céanna leis an ropadh foiréigneach a bhain de Dhiarmaid nuair a réab barr na sleá isteach sa chliathán air. É beag beann ar thorann nó ar ghuairneán ar bith a bheith timpeall air anois. Breathnaíonn sé ar dhá thaobh de féin. Doiléire radhairc air, amhail is go bhfuil uigebhrat os comhair na súl air. Cúrsaí as a riocht air. É amhail is go bhfuil an dá arm saighdiúirí ag teacht ina threo, ach a ngluaiseacht mall, iad gáireach, iad mar a bheidis ag súil go mór le castáil ar a chéile. Ach díbrítear suaimhneas an athraithe leis an tobainne lenár tháinig sé agus beireann pian bhinbeach ar na baill bheatha uile air.

Athrú eile fós ar aithne Dhiarmada. An uile ní gleoch i gcloigeann an taoisigh istigh agus géire intinne arís air lena bhfuil ag tarlú ina thimpeall. Daingniú fós eile ar ionathar a bhoilg agus giúrnáil ghlugarnach ag rabhláil aníos i dtreo an chliabhraigh. Beireann an phian go bog air, idir chroí agus scámhóga, ach casann sin ansin ina fháscadh. Fáscadh teann, fáscadh láidir, fáscadh coscrach, agus tagann bior ar shúile cinn Dhiarmada agus siltear silín fola go dubhdearg as srón, as cluasa, as béal an fhir uasail. Suíonn sé suas go caoldíreach ar dhroim an eich faoi. "Na Brianaigh Abú!" ar sé d'fhannghlór, ansin titeann ar aghaidh béal faoi ar mhoing an chapaill.

"A athair!" a bhéiceann Iarla, atá i bhfad amach ón taoiseach ar cheann de chliatháin na páirce, agus tosaíonn an mac ar dheifriú i dtreo Dhiarmada. Is ar éigean tosaithe i dtreo an taoisigh é nuair a airíonn Iarla greim á bhreith go tréan ar an dá lámh air, á shrianú.

"Ná déan, a Iarla," a deirtear de ghlór rábach. "Ró-mhall anois dó, faraor." Castar Iarla ar an toirt. Riordán atá ann. É cruach-shúileach righinghiallach, é teann ar an uile bhealach. "Ró-mhall atáir, a Iarla," arsa an leifteanant leis athuair. "Is tusa anois an Brianach. Is tusa anois ár dtaoiseach. Fútsa atá sé feasta mianach Uí Bhriain a léiriú." Titeann na focail go friochanta giorraisc as béal an oifigigh, gach aon cheann díobh ina bhior goimhiúil in intinn an ógfhir. "An Brianach," arsa Riordán athuair, agus croitheann sé an taoiseach óg. Agus nascann súile na beirte dá chéile. Ach tá folús na péine le sonrú ar shúile Iarla.

"An Brianach," arsa an taoiseach óg, ach é gan bhrí gan

mheanma agus é á rá.

"An Brianach Abú!" arsa Riordán, é gusmhar ina chaint agus a ghreim ar lámha Iarla á dhaingniú aige. Leis sin, croitheann sé an fear óg.

"An Brianach Abú! Lámh láidir in uachtar," a bhéiceann an uile fhear de shlua Dhiarmada, agus iad ag leanacht orthu den bhfogha ar an namhaid. Go deimhin, ní slua Dhiarmada iad anois, ach slua Iarla. Agus téann an bhéic i gcion ar intinn an fhir óig chéanna. Casann sé i dtreo na bhfear agus feiceann go bhfuil siad á gcaitheamh féin ceann ar aghaidh isteach sa racán. Tá luas aisteach fúthu ina ngluaiseacht agus, ag ceann na droinge, ar foluain ar chrann adhmaid, tá meirge agus mana chlann uasail na mBrianach deartha air. 'Lámh láidir in uachtar'. Fir iad seo nach eol dóibh loiceadh. Fir iad seo a bhfuil dílseacht do na Brianaigh go smior iontu.

Is sa chuas talún sin, ar loch ar uaireanta é, a bhualfaidh dá cheannlíne na n-arm in aghaidh a chéile agus déanfar slad. Tá greim ag Riordán ar lámha Iarla i gcónaí. Breathnaíonn an Brianach óg siar ar an áit a bhfaca sé a athair ag titim ar aghaidh fuar marbh ar dhroim an eich. Tá an capall ina aonar, ach siar uaidh tá scata fear a bhfuil corp Dhiarmada á iompar acu siar i dtreo an rátha inar labhair an taoiseach go deisbhéileach ar ball beag. Claonann Iarla a dhearcadh agus breathnaíonn anois isteach i súile glasa Riordáin. Ansin, cuireann sé a dheasóg isteach faoina uchtphláta agus aimsíonn sé an sparán a thug a athair dó níos luaithe. Fáscann sé an sparán agus airíonn an cruas atá istigh ann.

"An Brianach Abú!" arsa an taoiseach óg, agus is mó é díograis agus diongbháilteacht an ráitis uaidh an babhta seo. Agus na focail á labhairt aige, fáscann sé barra méara na ciotóige go láidir i matán lámh an Riordánaigh. Ansin scaoileann sé a ghreim den leifteanant, aimsíonn a shúile capall a athar athuair agus déanann sé go dian i dtreo an ainmhí.

Nuair a thagann Iarla a fhad leis an gcapall breathnaíonn sé uaidh arís ar láthair an chatha. É ina chogadh dearg idir an dá thaobh agus feiceann an Brianach go bhfuil Riordán i lár an áir cheana féin. Tá a chlaíomh á luascadh agus á shluaisteáil ag an oifigeach agus ní slán d'aon ní a thagann ina threo, beag ná mór. Tá an t-allas ag éirí ina uigrebhrat de ghuaillí Riordáin agus de na corpáin atá sínte chaon taobh de. Tagann fís de Chú Chulainn Uladh – 'Cú Chulainn na nÉacht', faoina d'insíodh Diarmaid scéalta dó agus é ina pháiste – ina bladhmchuimhne go hIarla. Ach ní cheadaíonn sé don chuimhne a aird a tharraingt ón gcomhrac. Píosa amach ón troid, áit a bhfuil an talamh ard ar chiumhais na láthar troda, feiceann sé cruth dubh drochthuarach Fheardorcha. Tá an t-oifigeach ina shuí go huaibhreach ar dhroim na staile duibhe agus gach a bhfuil thíos faoi faoina dhearc aige.

É ina smaoineamh ag Iarla soicind go mb'fhéidir nárbh fhearr a dhéanfadh sé ná déanamh lom díreach ar Fheardorcha agus a dhúshlán a thabhairt. Ach ní túisce an smaoineamh sin chuige nó tagann cuimhne ar a pháistiúlacht agus ar a mhinice a déaradh a athair leis go mbíodh gá ag Cú Chulainn féin le lámh chúnta in am an ghátair.

Briseann Iarla a dhearcadh ar Fheardorcha agus scinneann a shúile na mílte fear os a chomhair amach nó go n-aimsíonn sé Riordán athuair. Is fathach é an t-oifigeach agus is furasta é folt rábach rua a chinn a aithint i measc na coda eile. Tá a chlaíomh á shluaisteáil agus á luascadh aige i gcónaí agus tá a dhá oiread agus a bhí cheana sínte marbh ina thimpeall, agus an féar fúthu ina dhearg. Ach má tá féin, is go fuirist agus go ró-fhuirist a aithníonn Iarla gur mó i bhfad dá chuid fear atá i measc na marbh ná mar a bhfuil de Rua-Bhrianaigh tite. Agus taibhsíonn focail Dhiarmada isteach ina chuimhne fós eile: 'fiú Cú Chulainn féin, thuig sé gan eiteach a thabhairt don chúnamh'.

De luas mire, beireann Iarla greim ciotóige ar chorr na diallaite agus tarraingíonn é féin aníos go haclaí ar dhroim an eich. Déanann sé an srian a theannadh chuige, druideann ceann an chapaill siar rud beag, baineann a chlaíomh as a thruaill agus suíonn suas go righin díreach ar dhroim eich a athar. Mac an athar á líonadh le spiorad an athar. Ardaíonn a chliabhrach le teann bróid.

"An Brianach Abú," ar sé ar ard a ghutha, agus tagann na focail aníos as cearn domhain dá bholg. Leis sin, déanann sé caol díreach i dtreo an chatha.

Agus Iarla ag druidim leis an aicsean, feiceann sé go bhfuil Caltra faoi dhianléigear ag beirt. Tá an t-ógánach á dtroid go calma ach d'aithneodh an dall féin ar an stócach gur snámh in aghaidh easa mar iarracht aige é. Baineann Iarla stad tobann as an gcapall faoi. Éiríonn an t-each ar na cosa deiridh agus scaoileann seitreach, ansin díríonn an taoiseach i dtreo an fhir óig é.

Aistríonn Iarla a chlaíomh go haclaí óna dheasóg go dtí an leathlámh eile, ansin tarraingíonn sé siar a chiotóg go scuabach fuinniúil agus é ag déanamh go dian ar ionsaitheoirí Chaltra. Agus é i bhfoisceacht chaitheamh seile den chomhrac, scuabann sé idir lámh agus chlaíomh ar aghaidh le lán a nirt agus gearrann díreach trí bholg duine de na bruíonadóirí. Déanann an luas atá fúthu beirt idir chapall agus mharcach a theilgean ar aghaidh thar Chaltra agus thar an dara ionsaitheoir sula n-éiríonn le hIarla an t-ainmhí a stopadh.

Casann Iarla an capall agus amharcann an taoiseach ar an dara ionsaitheoir. Cúngaíonn sé a shúile, ardaíonn an claíomh athuair agus díríonn ar an namhaid é. Éiríonn an capall ar na cosa deiridh den dara huair agus ní túisce an dá chrúb thosaigh ar thalamh arís nó tá gluaiseacht faoi. Is den aonad céanna iad ciotóg shínte an taoisigh agus an uirlis troda a bhfuil greim aige uirthi, agus iad ag déanamh go sruthlíneach ar an gcreach. Aon scréach chaolghlórach amháin a eisíonn céile comhraic Chaltra nuair a dhéanann Iarla é a rith tríd leis an lann, agus cloistear a macalla ar an aer glé Boirneach.

Ropann Iarla an claíomh ar ais ina thruaill agus síneann a chiotóg amach i dtreo Chaltra. "Seo-seo, a bhuachaill," ar sé, "beir greim orm go beo." Agus a luaithe agus a dhéanann Caltra mar a deirtear leis, tarraingítear aníos ar mhuin an chapaill é taobh thiar d'Iarla féin, agus déanann siad go deifreach ar chroí an chomhraic.

Feiceann Iarla agus Caltra an tréanfhear Riordán uathu, é ag déanamh luascadh lascadh dá chlaíomh, agus gach a thagann i raon chiorcail de á leagan aige. De réir mar a dhéanann siad ina threo, is léir dóibh gur eisceacht é an leifteanant cróga agus gur beag eile dá gcomrádaithe atá ag seasamh an fhóid mar atá seisean. D'ainneoin mhórán de na Rua-Bhrianaigh a bheith sínte marbh ag Riordán, tá a dheich n-oiread céanna de shaighdiúirí Iarla curtha chun claímh ag a gcéilí comhraic. Ach tá an taoiseach agus an t-ógánach ar a ndícheall chun cothromaíocht éigin a chumadh san iarracht, agus tá siad beirt ag péac agus ag priocadh lena gclaímhte agus iad ag dul thar bráid.

Faoin am go dtagann siad a fhad le Riordán agus léimeann siad den chapall chun cuidiú leis sa troid, is rí-léir dóibh gur beag ar fad dá bhfear nach bhfuil marbh cheana féin. Breathnaíonn Iarla ar dhá thaobh de féin, ansin sracfhéachaint sciobtha ar cúl, agus é ag iarraidh líon na bhfear leis atá ina seasamh fós a mheas. Dhá chéad, b'fhéidir, measann sé – dhá chéad caoga ar a mhéid ar fad. Agus os a gcomhar sin amach tá dhá mhíle de throithigh Fheardorcha, nó le cois air sin, seans. Ach is measa i bhfad ná sin féin é. Taobh thiar de na troithigh tá banda leathan marcshlua, iad spréite trasna na páirce agus, taobh thiar díobh sin arís, áit a dteagmhann an talamh mhéith den sciollach, tá buíon mhór saighdeoirí nach bhfuil san aicsean fós.

"Do mheas air, a Riordáin?" arsa Iarla, agus cuireann siad beirt cuil orthu féin faoi choinne ionsaitheoirí atá chucu. Tugann Riordán amas ar a chéile comhraic, sánn an claíomh go feirc ann, ansin ardaíonn leathchois lena chliabhrach agus brúnn an créatúr den lann arís. Ansin casann sé agus, amhail is nach rud dó é, déanann sé céile comhraic Iarla a mharú ar an toirt chomh maith.

"Mo mheas, a Iarla! Bhuel, b'annamh chomh dianbhrúite seo mé ach feictear dom gur chun donais fós a bheidh an cás ag dul." Go lom fíriciúil a deireann Riordán sin agus gan aon rian den phráinn ná éadóchas le sonrú ar a ghlór. Is gnáthchuid den tsaighdiúracht dósan é. Áit a bhfuil buaiteoir, tá an té a chailleann, agus cá bhfios cé acu tú féin lá ar bith, agus sin é a dhearcadhsa. "Seans, a Iarla, nach mbeidh de rogha againn ach cúlú isteach sa ráth thiar," ar sé go deifreach, agus ionsaitheoir eile ag tabhairt fogha faoi.

"Táid chugainn ina snáth mara, na diabhail," arsa Iarla, agus a dhúshlánsa á thabhairt ag céile comhraic úr. Scian go feirc gan mhoill arís i gcás na beirte agus breathnaíonn Riordán uaidh, áit a bhfuil cion fir á dhéanamh ag Caltra.

"Féach uait, a Iarla," arsa Riordán, agus sméideann sé ar an mBrianach breathnú i dtreo an stócaigh.

"By daid!" arsa an taoiseach. "É ina bhuachaill agus ina fhear agus ina laoch mór troda d'aon gheábh amháin."

Agus leis sin, 's gan choinne ná súil ar bith leis, screadtar ordú amach go hard os cionn ghleo an chatha, agus éiríonn fórsaí Fheardorcha as an troid agus cúlaíonn siad go dea-riartha nó go gcailltear gach radharc orthu i measc an mharcshlua. Íslíonn Iarla agus Riordán a gclaímhte agus breathnaíonn siad go neamheolasach ar a chéile. Ansin díríonn siad a n-amharc ar an gcró thuas uathu, áit a bhfuil Feardorcha ina shuí ar dhroim eich i gcónaí. Eisean a d'eisigh an t-ordú, is dóigh leo. Ach ní cás leo sin. Bailíonn Iarla a bhfuil fágtha dá chuid fear féin isteach i lár an chuais talún. Feictear dó gur lú ná céad díobh atá fanta beo.

"Féach, a thaoisigh," arsa Caltra, agus lán na súl á bhaint aige as a bhfuil ag tarlú i measc ranganna a gcéilí comhraic.

Casann Iarla, Riordán agus gach mac Chríost atá ina sheasamh i lár an chuais a súile i dtreo arm Fheardorcha. Osclaíonn an marcshlua a ranganna agus feictear an tseisreach dhamh ag teacht ar aghaidh agus an corcán mór d'ola bruite á tharraingt ina ndiaidh acu. Tá an caipín bainte den chorcán an uair seo agus is léire ná riamh iad na lasracha ag léim go rábach ramsach faoina bhoilg.

Amharc eile ag Iarla agus an leifteanant ar a chéile.

"Céard é atá ag tarlú, a Riordáin?" arsa an taoiseach.

"Diabhal a fhios agam," arsa an t-oifigeach, agus breathnaíonn seisean arís i dtreo an chorcáin mhóir. Fáscann sé a shúile le go ndéana sé ciall den rud seo nach bhfaca sé ar láthair chatha riamh cheana.

An tseisreach tagtha chun tosaigh ar chéad-líne an mharcshlua anois agus éiríonn duine de na marcaigh dá chapall agus tagann i dtreo na seisrí. Cruinníonn sé srianta na n-ainmhithe le chéile ina lámha, ansin téann in airde ar an bhfráma a bhfuil an pota á iompar air agus suíonn suas ar an dtrasnán adhmaid. Breathnaíonn sé ansin i dtreo an chró chloiche agus déanann Iarla agus Riordán amhlaidh chomh maith. Is ann atá Feardorcha i gcónaí, é ina shuí ar dhroim na staile agus an uile ní faoina riar aige. Ardaíonn an té drochthuarach a chiotóg agus fágann ardaithe go ceann roinnt soicindí é, ansin íslíonn sé le prapadh é. Bonn láithreach, ar fheiceáil chomhartha an cheannaire dó, lascann fear an trasnáin na daimh leis na strapaí móra leathair, ansin déanann arís den dara huair é.

Gnúsacht ard ar cosúil le seitreach é ag na hainmhithe agus, ag aon am lena chéile, gluaiseann an fhoireann ar aghaidh go tréan tuairteálach agus léimeann an saighdiúir den trasnán go haclaí. Cuireann creathán na gluaiseachta ar chuid den ola bruite sileadh thar chiumhais an chorcáin agus feictear uigebhrat na gaile á ardú aníos as an bpota mór.

"Gal de shaghas éigin, is cosúil," arsa Iarla.

"Gal, go deimhin, a Iarla," arsa Riordán, "ach is measa míle uair é an leacht bruite is cúis le héirí na gaile céanna."

Féachann Iarla go lom isteach ar shúile an oifigigh. Is léir do Riordán nach bhfuil tuairim dá laghad ag an taoiseach a bhfuil sa chorcán.

"Ola, a Iarla. Ola bhruite, mar a bhí de nós ag na Peirsigh in aghaidh an ionsaitheora i bhfad roimh aimsir Chríost féin. Mar a bhí ag ár manaigh dhúchasacha féin, nuair ba ghá sin leis."

Is ar éigean na focail as béal Riordáin nuair a réabann idir sheisreach agus chorcán go truplásach isteach sa chuas. Tá an uile fhear ar a dhearg-dhícheall chun an tubaiste a sheachaint. Amharcann Iarla i dtreo Fheardorcha athuair. Tá lámh an cheannaire dhorcha ardaithe fós eile agus súil casta aige leis na saighdeoirí atá ar an talamh ard ar dheis air. Agus is ann anois a bhreathnaíonn Iarla chomh maith. Tá na lasracha ag léim de chinn na saighead atá ardaithe ar shreangáin na mboghanna acu agus ní hann don amhras in intinn an Bhrianaigh faoina bhfuil chun tarlú. Sracfhéachaint ar ais i dtreo na ndamh agus feiceann Iarla go bhfuil idir phota agus ainmhithe ag dul go géar le fána isteach sa chuas agus gurb í an tubaiste thuaipliseach is measa dá bhféadfaí a shamhlú atá i ndán dóibh. Íslíonn Feardorcha a lámh agus tá réalachas na tubaiste i réim.

Fiú sula mbaineann na saighdeanna bladhmacha ceann sprice amach, tá leacht an chorcáin iomlán doirte sa chuas talún. Leathann na lasracha den bpláta miotalach a bhí faoin bpota sular tiontaíodh bun os cionn é agus réabann siad leo, iad anois á sníomhadh féin ar na lasracha imeallacha atá ginte ag na saigheada. Tá Iarla agus a chuid ina lár seo ar fad, an ola téite ag lapadaíl ar na rúitíní orthu agus é ag éirí níos teolaí in aghaidh an tsoicind. Léimeann na lasracha go rábach raspanta agus tá cuid de na fir ag scréachaíl go huafar toisc pian an dó atá á himirt ag na bladhmanna orthu. Tá clár uisce na haolchloiche faoin talamh ag coinneáil an ola bealaithe ar an ndromchla agus ní léir do dhuine ar bith aon éalú a bheith ann.

Géire mheoin agus lúth na ngéag in éindí a chuireann ar Riordán breith ar shrianta briste cheann de na daimh agus an t-ainmhí ag deifriú thairis. Is beag nach dtarraingíonn láidreacht an bheithigh an leathghéag as cuas ghualainn an leifteanaint, ach coinníonn Riordán greim docht daingean ar na strapaí go deireadh. Moillíonn an damh, ansin stopann ar fad, agus caitheann an t-oifigeach é féin ar dhroim an ainmhí, cruinníonn isteach na srianta agus casann i dtreo Iarla. Dá dhonacht é an namhaid, is dainséaraí fós an loscadh atá ina dtimpeall ag an bpointe seo. Tá mórán fear ag tabhairt na gcor go fraochta toisc a bhfuil de róstadh á dhéanamh orthu. É amhail is go bhfuil liodán liosta fosfarach ceangailte díobh agus é ag creimeadh idir fheoil agus chnámh orthu. Aimsíonn súil Riordáin an taoiseach óg i measc na bhfear. Tá Caltra taobh le hIarla i gcónaí agus iad ar a ndícheall cuidiú leosan atá i gcruachás. Ach is snámh in aghaidh easa mar iarracht acu é.

Déanann Riordán cloigeann an daimh a tharraingt siar, ansin tiománann sé an t-ainmhí caoldíreach tríd an loscadh agus iad ag déanamh ar an mbeirt. "A Iarla," arsa an t-oifigeach in ard a ghutha agus é ag teacht gar don taoiseach óg, agus síneann sé a chiotóg chuige le go léimfidh an Brianach aníos ar dhroim an daimh leis. Ach níl de nádúr in Iarla droim a thabhairt ar a chuid fear chomh héasca sin. Is léir air nach dtuigeann sé a bhfuil i gceist ag Riordán ar chor ar bith agus ní shíneann sé a lámh amach chun breith ar chiotóg an leifteanaint. De luas aisteach a imíonn an t-oifigeach thairis.

"A Chaltra, a bhuachaill," arsa Riordán an babhta seo, agus síneann sé lámh leis an stócach. D'ainneoin a bhfuil de chrógacht agus de thréithe eisceachtúla léirithe ag an ógánach go nuige seo, ní thig leis an deis seo a ligean thairis. Ceanglaíonn a shúile de shúile Riordáin, airíonn sé teas na lasracha á sníomh féin isteach trí na loirgneáin leathair air. Tuigeann sé nach rogha aige é fanacht san áit ina bhfuil sé agus gur beag an mhaith é sin do dhuine ar bith. Síneann sé amach a lámh, beireann ar chiotóg Riordáin agus ligeann don mharcach é a tharraingt aníos ar dhroim an ainmhí.

Aimsíonn Riordán Iarla arís. Tá greim ag an taoiseach óg ar thuineach duine dá shaighdiúirí agus é ar a dhícheall é a tharraingt as na lasracha. "A Iarla," a screadann Riordán leis. Breathnaíonn Iarla i dtreo an mharcaigh. "Is ag snámh in aghaidh easa atá tú, a thaoisigh. Cruinnigh do mheon agus cuimhnigh ar gach a bhfuil le déanamh fós. Cuimhnigh ar d'athair. Cuimhnigh ar do ríocht. Cén chiall go slogfaí ag na bladhmanna tú? Bladhmanna Fheardorcha, a Iarla." Go raspanta cathach a thagann na focail ón oifigeach. Daingníonn Iarla a bhéal, agus, ina dhiaidh sin, daingniú na súl. "Cuimhnigh ar an mBantiarna Sorcha," arsa Riordán ansin, agus is é an ráiteas deiridh seo a théann i gcion ar Iarla ar bhealach nach ndeachaigh aon cheann eile díobh. Ní ritheann sé leis, fiú, iontas a dhéanamh de go bhfuil a fhios ag Riordán faoin gcaidreamh idir é agus an bhean óg. Scaoileann sé an greim atá aige ar thuineach an tsaighdiúra agus titeann an marbhán ina phleist os a chomhair.

"Anois nó riamh, a Iarla," arsa Riordán, agus síneann

an bheirt atá ar mhuin an daimh cheana féin a lámha i dtreo an taoisigh. Feictear d'Iarla go bhfuil géarú tobann ar an teas atá ag ealaín lena rúitíní agus tuigeann sé a bhfuil le déanamh. Síneann sé a lámh féin amach, beireann ar lámh shínte Chaltra agus tarraingítear aníos ar dhroim an ainmhí é. É i mbaol sleamhnú de cheathrúin an daimh ach fáscann sé a dhá lámh go daingean timpeall ar choim Chaltra agus greadann an t-ainmhí leis tríd an lochán ola agus i dtreo an talaimh aird.

Géarluas na gcos faoin damh a spárálann é ar na rúitíní a bheith dóite air agus é ag cúrsáil tríd na lasracha. In imeacht chúpla soicind táid glan ar an gcuas millteach agus iad slán ar an ndroimne. Casann Riordán an t-ainmhí le go mbreathnóidh siad ar ais ar an ár. Téann a bhfuil le feiceáil amach uathu dian orthu. Is é Iarla is túisce den triúr a shleamhnaíonn de dhroim an daimh agus, ina dhiaidh sin, Caltra. Fanann Riordán ina shuí thuas, cromann ar aghaidh agus ligeann osna as ar cumhachtaí é ná focal ar bith a déarfaí.

Agus leis sin, tost. Íslíonn an Brianach é féin ar a ghogaide, an leathlámh dúnta ina dhorn faoi agus é á fhrapáil féin in aghaidh na talún. Scinneann a shúile uafás an scriosta atá thíos faoi. Gan aon ghleo, fiú, á dhéanamh ag fir Fheardorcha agus iad féin ag breathnú uathu ar mhéid an uafáis. Can corraí, gan gíog, gan puth na beatha as rud ar bith sa chuas. Níl le feiceáil ach a bhfuil de dheatach ag éirí aníos as meall mór olach na gcorpán atá tite. Agus an boladh. Boladh feola dóite é, boladh nach bhfuil éagosúil in intinn Iarla lena mbíonn ar ócáid cheiliúrtha nuair is minic muc nó caora á róstadh, nuair a chantar agus óltar agus déantar spraoi. Íoróin na samhla sin ag dul dian ar chroí Iarla agus é seo uile faoina dhearcadh aige.

Gan aon cheiliúradh ar an obair seo. Gan lúcháir ar bith ann. Agus ní mó is gá ná líon na méar atá ar a dhá lámh ag Iarla chun a bhfuil dá fheara fágtha ina mbeatha a áireamh. Gan tagtha slán as ach iad féin triúr agus an ceathrar eile a rinne corpán Dhiarmada a bhreith siar chun an áitribh i ndiaidh na críche fealltaí a tharla dó. Líonann Iarla a scámhóga d'anáil mhór agus tagann fonn múisce air soicind lena bhfuil de sheirbhe an dó ar an aer agus é á shú isteach ina pholláirí. Is aisteach é, ach déanann géire an análaithe cealú ar éirí na ndeora de shúile an taoisigh. Breathnaíonn Iarla ar Riordán. Tá súile an tseanóra folúsach faon feoite ina cheann. Tá an leifteanant chomh scriosta ann féin ag a bhfuil tarlaithe nach léir d'Iarla aon bhrí a bheith ann ar chor ar bith. Dá ndeoin féin, nach mór, a bhogann súile Iarla nó go n-aimsíonn siad Feardorcha píosa fada amach uaidh ar chlé. Tá an t-oifigeach ina shuí suas go caoldíreach ar dhroim na staile duibhe agus, d'ainneoin doircheacht an lae, tá cóta dubh an chapaill glioscarnach spréacharnach. Cuireann an Brianach strainc air féin, ansin baineann díoscán as a fhiacla, é ar a dhícheall guaim a choinneáil air féin agus gan ligean dó féin a bheith faoi riar ag an fhearg. Sracfhéachaint athuair ar na mairbh sa chuas lochánach, ansin breathnaíonn sé arís ar Riordán.

"Airigí," arsa Iarla, agus bogann sé go deifreach i dtreo an daimh. Griogann an focal aonair an bheirt eile as an marbhántacht. Síneann Riordán a leathlámh lena thaoiseach agus tarraingíonn aníos ar dhroim an ainmhí arís é.

"A Chaltra," arsa Iarla, agus tarraingítear Caltra aníos

ar an dóigh chéanna is a rinneadh leis an mBrianach roimhe. "Chun an rátha linn go beo," arsa an taoiseach, agus bailíonn idir fhir agus ainmhí leo ar nós na gaoithe. Agus leantar iad gach aon orlach den bhealach ag súile mioscaiseacha cúnga Fheardorcha. Tá siad go hiomlán faoina amharc aige nó go n-imíonn siad as radharc isteach sa ráth.

15

Imíonn na huaireanta gan áireamh. Ní hí an léithe dhoiléir is suntasaí anois ach géartheacht doircheacht na hoíche. Istigh sa ráth féin ní beag é an t-iontas atá á dhéanamh ag Iarla agus Riordán den deis suaimhnis agus ómóis atá tugtha ag Feardorcha dóibh le go ndéanfar corpán Dhiarmada a adhlacadh. Cé go bhfuil ranganna de shaighdiúirí Fheardorcha in eagar catha lasmuigh den ráth, tá de chúirtéis acu fanacht siar píosa maith ón áitreabh féin. B'aisteach é ach, rud beag níos luaithe, nuair a bhí glúine Iarla dingthe sa phuiteach láibeach taobh le huaigh Dhiarmada, d'eitil colm geal bán aonair isteach sa ráth. Shuigh sé ar aon taobh de thrasnán na croise bige adhmaid a bhí cumtha agus curtha ag Iarla ag ceann na huaighe. Agus i ndiaidh don éan tamaillín a chaitheamh mar sin, d'eitil sé go hard isteach i gcraobhacha cheann de na crainn mhóra a fhásann ar bhruach an rátha.

"Ní beag an chreidiúint duit é a bhfuil déanta agat do Dhiarmaid, a Iarla," arsa Riordán, agus fáscann sé leathlámh le rosta an fhir óig agus é ag suí taobh leis cois tine i lár an rátha. Tá Caltra agus triúr den cheathrar eile ina suí ann chomh maith agus tá meascán den diamhair agus den fhaitíos le sonrú ar na súile orthu.

"Ní mó ar bhealach ar bith é, a Riordáin, ná mar atá tuillte ag laoch mar é."

"Go deimhin, is fíor duit é," arsa Riordán, agus eisíonn báine na hanála as a bhéal agus a pholláirí in aghaidh taise aer na hoíche.

"A Iarla, a Iarla," a chloistear de bhéic as áit éigin ar bhruach an rátha. Glór Chuanáin atá ann, an ceathrú fear atá mar gharda ar chiumhais an áitribh le tamaillín anuas. Deifríonn an seisear cois tine ina threo. Riordán is túisce a shroicheann an fear faire.

"Céard é féin, a Chuanáin?" ar sé.

"Breathnaigh," arsa an fairtheoir, agus síneann sé méar amach i dtreo an dorchadais. Tá trí nó ceithre shnátha solais aimsithe aige agus táid le feiceáil ag gluaiseacht go deifreach castach i dtreonna éagsúla.

"Táid chugainn," arsa Iarla, agus é ag druidim suas taobh le Riordán. "Sall leat go beo, a Chaltra, go bruach thiar an rátha," arsa an Brianach. "Agus sibhse, a fheara," ar sé leis an dtriúr eile, "déanaigí ar bhealach isteach an áitribh." Agus déanann an triúr mar a deirtear leo.

"Maith thú féin, a Chuanáin," arsa Riordán, agus téann sé féin agus Iarla ar a gcromada taobh thiar den bhruach, féachaint an féidir leo ciall a dhéanamh de phátrún gluaiseachta an namhad lasmuigh den ráth. Agus leis sin, is léir dóibh mórghluaiseacht shoilseach amháin a bheith chucu chomh maith leis na sraitheanna éagsúla a bhí ann ar ball beag.

"Ranganna scagtha ar dheis agus ar chlé, a Iarla," arsa Riordán, "ach is léir gurb é an príomhfhórsa atá chugainn trí'n lár."

"Ceart agat, is dóigh liom," arsa Iarla, agus ardaíonn sé a chorrmhéar lena bhéal chun Riordán a chiúnú soicind. "Fan tusa san áit ina bhfuil tú, a Chuanáin," arsa an taoiseach, agus tugann sé Riordán leis ar ais go lár an rátha. Ar dhá thaobh den tine a sheasann siad, iad díreach ar aghaidh a chéile agus a lámha sínte amach os cionn na lasracha acu le go ndéana an teas taise nimhneach na hoíche a ruaigeadh as a gcnámha. D'ainneoin mhire spraoiúil dhamhsach na mbladhmanna atá á teilgean ar a n-aghaidheanna, is léir orthu go bhfuil siad buartha.

"Níl ionainn ach doirnín fear, a Riordáin, a chara liom, agus tá Feardorcha agus a chuid chugainn ina mílte."

"Tá sin amhlaidh, a Iarla, ach seans, ar bhealach, gur buntáiste againn é sin seachas a mhalairt."

"Buntáiste! Ní mé go cinnte a bhfuil i gceist agat, a Riordáin."

"Féach seo," arsa Riordán, agus cromann sé ar a ghogaide agus sméideann ar Iarla déanamh amhlaidh chomh maith. Agus déanann an taoiseach mar a iarrtar air a dhéanamh. Ní féidir le hIarla a bheith dall ar an ndlúthghaol atá fásta idir é agus Riordán, agus tuigeann sé gur mó ná sin fós é an meas mór atá acu ar a chéile. "Tá sé den tábhacht, a Iarla, thar rud ar bith eile, go bhféachfaí chuige go dtagann síol Uí Bhriain slán as seo."

Claónann Iarla a cheann agus breathnaíonn go hiniúchach ceisteach ar an oifigeach, é á mhealladh chun cur lena bhfuil ráite aige cheana féin.

"Is é atá i gceist agam ná seo, a chara liom: má thiteann tusa i lár an chatha dheiridh seo atá romhainn, fágfar Clann Dhiarmada – Clann Iarla anois – gan treoir gan cheannaire. Is tusa síol na glúine atá le teacht agus, dá réir sin, is tú síol gach glúin eile de do thaobhsa de Chlann na mBrianach a thiocfaidh ina dhiaidh sin arís."

Leis sin, druideann Riordán a aghaidh an-ghar do na lasracha agus breathnaíonn go dian diongbháilte isteach ar shúile an taoisigh óig. Is léir glaise dhamhsach na súl sin d'Iarla agus is léir dó leis go ndéanfar pé rud é féin a bhfuil an leifteanant seo leis ar tí a mholadh.

"Cén chiall go rachfása faoin gclaíomh nuair nach gá sin?" arsa Riordán. Agus sula mbíonn an deis féin ag Iarla ceist a chur nó aon chur i gcoinne an rud a shamhlaíonn sé a bheith in intinn an oifigigh, leanann an seanóir dá chaint. "Ní fearr cúrsa riamh a ghlacfása, a Iarla, más ann don deis, ná éalú as an áit seo i nganfhios don namhaid. Dá mba–"

"Ach, a Riordáin, cén cúrsa meatachta agam é rith liom agus mo ch–"

"Ach ní hea, a thaoisigh liom," arsa an t-oifigeach, "ní hin atá i gceist ar chor ar bith," ar sé, agus é ar a dhícheall soiléiriú a thabhairt. "Ní cúrsa meatachta atá i gceist, ach cúrsa gaoise, cúrsa ciallmhar, cúrsa riachtanach. Leas do mhuintirse atá i gceist agam, agus leas na nglún amach anseo."

"Sea, ach –" arsa Iarla, ach gearrann Riordán isteach go grod air den dara huair.

"Is é mo dhualgas é, a Iarla. Is é mo dhualgas é, díreach mar is dualgas agam é é sin a chur ar do shúile duit. Is minic dílseacht dall, bíodh a fhios agat, a chara. Is minic í ag cur baic ar an gcúrsa atá ciallmhar. Agus, ar uaireanta, is í an chalmacht féin is cúis le teip. Níl aon cheist in intinn duine ar bith ach gur dílis calma uasal tú go smior, a Bhrianaigh."

Tá lán-aird á tabhairt ag Iarla ar fhocail Riordáin. Gan aon chathú ar an bhfear óg anois cur isteach a thuilleadh ar an gcaint. Aithníonn an taoiseach gurb iad an gean agus an ghaois atá le sonrú ar a bhfuil á rá ag an oifigeach agus gurb iad an dá thréith sin is mó atá chun cinn in intinn an tseanóra.

"Is beag is tábhachtaí riamh sa saol seo, a Iarla, ná an

dílseacht agus an chalmacht ach, den bheag sin, go cinnte, tá go ndeimhneofaí ainm agus sliocht."

Luíonn súile Iarla ar bhuí-imeartas na tine. Ar bhealach, ní héagosúil é neamhchinnteacht eitleach na lasrach agus cuma mhanglamach na smaointe in intinn an ógfhir. Tuigeann sé gur den chiall agus den réasún é gach a bhfuil á rá ag Riordán agus ní haon rud eile ach sin a bheadh súil ag Iarla leis – ná ag Diarmaid féin, go deimhin – ón bhfear stuama céanna. Ach, d'ainneoin sin agus uile, téann sé dian ar Iarla a cheapadh go dteithfeadh sé leis ar an dóigh atá molta dó.

"Tá béal *souterrain* taobh istigh den ráth seo féin, a Iarla," arsa Riordán. "Tollán a théann síos faoin áitreabh agus a bhfuil an ceann eile de áit éigin lasmuigh den ráth."

"*Souterrain!*" arsa Iarla.

"Sea, go deimhin. Anseo, istigh sa chiorcal atá an oscailt, é gar don áit a bhfuil Caltra ina sheasamh ansin thall," arsa an leifteanant, agus breathnaíonn siad beirt i dtreo an stócaigh. "Tar liom," arsa Riordán, agus tosaíonn an bheirt acu ar dhul i dtreo Chaltra.

"Ionsaitheoirí chugainn ar dhá thaobh dínn," a bhéiceann Cuanán ón áit fhaire, agus ní féidir gan a bhfuil de scaoll ar a ghlór a aithint.

Casann Iarla agus Riordán ar a sála láithreach agus déanann siad ar ais caoldíreach i dtreo Chuanáin. Tá cuma mhór na neirbhíseachta ar an bhfear faire agus tá a shúile siar agus aniar i logaill a chinn, iad díreach mar a bheadh ag ainmhí a mbeadh a dhá shúil faoi bhriocht ag lasair dhiamhair éigin. Seasann cruinníní troma an allais ar a aghaidh agus cuireann buíocht bhladhmach na tine ag spréacharnach iad.

"Misneach, a Chuanáin," arsa Iarla, agus dúnann sé a lámh go teann ar dheasóg an fhir fhaire. "Cuimhnigh gur de shíol Mhic Con Mara tú agus nach bhfacthas sárú do mhuintirse riamh in am an ghátair." Breathnaíonn Cuanán isteach i súile Iarla agus líontar é leis an misneach atá á ghuí ag an mBrianach air.

"A thuilleadh díobh aniar aduaidh chugainn," a chloistear de bhéic ón taobh eile den ráth. Is é Caltra a fhógraíonn a dteacht an uair seo agus casann Iarla agus Riordán chun breathnú ina threo.

"Is fearr go bhfanfása anseo, a Iarla," arsa Riordán. "Déanfaidh mise ar Chaltra." Agus deifríonn an leifteanant leis trasna an áitribh agus caitheann é féin leis an mbruach, áit a bhfuil an stócach.

"Breathnaigh, a Riordáin," arsa an stócach, agus síneann sé méar i dtreo shraith de thóirsí atá á sníomh féin in aghaidh an ardú talún lasmuigh den ráth. Daingníonn Riordán a shúile in aghaidh an dorchadais.

"Dáréag díobh, nó cúigear déag, seans," arsa Riordán.

"Sea," arsa Caltra. "Is é sin le rá más tóirseoir é gach aon duine díobh."

Coinníonn Riordán a thost féin, ach is maith a thuigeann sé géarchúis ráiteas Chaltra a bheith ceart, b'fhéidir. Murach brú na hócáide, seans go gcaithfeadh Riordán nóiméad nó dhó ag déanamh iontais de chomh tapa agus atá ceird na saighdiúrachta á tabhairt leis ag an stócach. Tá a fhios ag an seanóir ina chroí istigh gur cúigear déag ar a laghad den namhaid atá ann, agus a dhá oiread sin, is dócha, ach ní nochtann sé an smaoineamh sin do Chaltra.

"Bí stuama, a bhuachaill," arsa Riordán, "agus beidh

mé ar ais chugat i bhfaiteadh na súl." Agus tugann Riordán sciúird eile trasna an áitribh air féin nó go bhfuil sé taobh le hIarla arís.

"Buíon chugainn ar an taobh thiar den ráth, a Iarla. Scór díobh ar a laghad, déarfainn," arsa an leifteanant.

"Agus breathnaigh anseo, a Riordáin," arsa Iarla, agus sméideann sé amach thar chiumhais an bhruaigh thoir. "Do mheas cé méid?" Daingníonn Riordán a shúile fós eile, déanann iad a mheas scaithimhín, ansin ligeann osna uaidh.

"An oiread céanna arís," ar sé, "agus níos mó ná sin fós, dá n-inseofaí an fhírinne."

"Agus céard faoi phríomhbhealach isteach an áitribh?" arsa Iarla, agus tá an taoiseach ar a dhícheall breith ar dhul a smaointe féin agus é ag cur na ceiste. Éiríonn an bheirt ina seasamh, casann agus breathnaíonn i dtreo na háite iontrála, áit ar fágadh triúr de na fir ar diúité ann níos luaithe.

"A Chuanáin, caithimid imeacht tamaillín, ach beimid chugat arís i gceann scaithimhín," arsa Iarla. "Coinnigh do chloigeann íseal, a chara, agus ná bíodh leisce ort ach scairt a chur orainn, más gá sin a dhéanamh." Sméideann Cuanán a cheann le hIarla, ansin neadaíonn é féin isteach i gcuaisín cré agus géaraíonn a shúile faoi choinne a bhfuil le feiceáil lasmuigh den ráth.

Níl tásc ná tuairisc den triúr ag béal an áitribh nuair a shroicheann Iarla agus Riordán sin. Tá Iarla ag déanamh iontais de go gcuimhneoidis, fiú, ar a bpostanna a thréigean. Cuardaíonn an bheirt fhear ina dtimpeall oiread agus a cheadaíonn fannsholas na hoíche dóibh a dhéanamh, agus téann siad píosa beag amach lasmuigh den ráth féachaint an bhfuil aon bhlas den triúr ansin.

"Faic na fríde, a Riordáin," arsa Iarla, agus is léir don leifteanant ar thuin dhíomách ghuth an taoisigh go bhfuil sé in amhras faoi dhílseacht an triúir.

"Níl sé mar a mheasann tú é a bheith, a Iarla. Ní fir iad seo arb eol dóibh an mheatacht ná an blúirín de. Is saighdiúirí iad, laochra, ar doimhne í a ndílseacht ná smior a gcnámha féin. Dílseacht don Bhrianach, do d'athairse, duit féin, a Iarla, duit féin. Sin é amháin is cás dóibh riamh. Cibé is cúis leo a bheith imithe, ní toisc easpa dílseachta é ná aon ch–"

Durdáil an choilm bháin sna craobhacha os cionn na beirte is cúis le tost a tharraingt ar chaint Riordáin. Ardaíonn siad a súile ach, má dhéanann féin, is drochfháistineach go deo é an feic atá rompu. Os a gcionn, ar crochadh ar chraobhacha an dá chrann darach a dhéanann áirse díobh féin ag bealach isteach an rátha, tá corpáin an triúir. Mion-luascadh siar agus aniar faoi na marbháin ag leoithne na hoíche agus seasann Iarla agus Riordán isteach faoi na corpáin agus breathnaíonn suas orthu. Den ala sin, titeann braonta troma fola anuas ar éadain na beirte thíos. Freangann siad soicind nuair a theagmhaíonn an leacht dorcha dá n-aghaidheanna, ansin cúlaíonn rud beag agus glanann an fliuchras dá ngnúiseanna. D'ainneoin dhoiléire an fheiceálachais, is furasta a aithint ar na mairbh gurb é an crochadh féin an chuid is lú den sléacht atá déanta orthu. Tá stráicí stróicthe sraoilleacha dá bhfeoil ag gobadh anuas dá mball agus is léir don bheirt thíos nach aon ní iomlán daonna ba chúis le sin a dhéanamh orthu.

Baineann an bheirt a sceana dá gcriosanna agus bogann amach óna chéile i dtreo stumpaí na gcrann. Nílid ach

díreach i dtús dreapadh na gcrann chun rópaí na gcorpán
a ghearradh nuair a chloistear scréach uafar ag scoilteadh
chiúnas na hoíche. Ar an aer anoir a thagann sé chucu.
Tuirlingíonn siad den dá chrann láithreach agus déanann
go deifreach trasna an rátha nó go sroicheann siad áit fhaire
Chuanáin. Agus sin rompu é corp Chuanáin, é crochta
marbh ar thrí shleá coll. Cuanán Mac Róigh Mac Con Mara,
fuar righin marbh.

Cromann Iarla agus Riordán a gceanna agus casann i
dtreo a chéile. Is den turas céanna a thagann aon
smaoineamh amháin chucu. "Caltra!" ar siad beirt, agus
casann Riordán a chloigeann chun breathnú sall ar an áit a
bhfuil a ionad faire ag an stócach.

"A Chaltra, a bhuachaill," arsa an leifteanant de scréach,
"isteach san áitreabh leat, a mhaicín. Go beo." Is ar éigean
an bhéic as béal an Riordánaigh nuair a léimeann Caltra
anuas den bhruach cré agus ritheann sé chun na beirte.

"Caithfidh tú imeacht, a Iarla," arsa Riordán, agus
beireann sé greim ar leathlámh an taoisigh.

"Ní dhéanfad, a Riordáin. Ní dhéanfaidh mura
dtoilíonn tú féin agus Caltra teacht in éindí liom."

Tá Caltra ag breathnú ar a chomrádaithe. Níl a fhios
aige a dhath faoin *souterrain* a bheith pléite acu ar ball. Ar
mhíle bealach, tá an t-óganach cosanta ag an mbeirt ar
mhórán de na droch rudaí atá tite amach go nuige seo agus
is faoina mbrat coimirce atá sé don chuid is mó i gcónaí.

Níor tháinig an smaoineamh go hintinn Riordáin riamh
go mb'fhéidir go n-éalódh sé féin trí'n *souterrain* chomh
maith. Is é dul mheon an tsaighdiúra ann go ndéanfaidh sé
seasamh teann i gcónaí agus nach ngéillfidh sé go bás dó.
Agus fiú anois, agus síol an smaoinimh curtha ina

chloigeann ag Iarla, is é a deir a chroí leis an oifigeach gur cóir dó diúltú don deis theite. Is é an dualgas atá air ná sábháilteacht an taoisigh a dheimhniú seachas aon dúil a chur ina chás féin.

"Ach, a Riordáin, má imímse, cén chiall go bhfanfása anseo, a chara? Cén ch–"

"A Iarla," arsa Caltra, agus cuirtear an Brianach ina thost ag cur isteach seo an ógánaigh. Tá aghaidh an bhuachalla chomh liath le cloch agus tá a shúile chomh leathan sin ina logaill gur mór an t-ábhar iontais é nach dtiteann siad as a cheann ar fad.

Casann Iarla agus Riordán agus breathnaíonn siad san áit a bhfuil súile Chaltra dírithe uirthi. Agus feictear saighdiúirí Fheardorcha ina slaoda chucu agus tóirse bladhmach ag an uile dhuine díobh. Iad dubh, iad bagrach, agus ciumhais an rátha á trasnú go fraochta acu. Cuireann an triúr cuil orthu féin faoi choinne a bhfuil de dhúshlán le teacht nuair a chuirtear isteach ar an uile ní gan choinne.

"Stopaigí," a bhéictear, ach ní fheictear an té a deireann. Déanann na hionsaitheoirí atá istigh sa ráth mar a deirtear leo. Ach, má dhéanann féin, tá na céadta eile le feiceáil as an nua, iad ag teacht isteach thar chiumhais an rátha, iad mar nathracha nimhe agus bealach á shníomh acu i dtreo lár an áitribh. Suas le míle díobh ann ag an bpointe seo.

Amharcann Iarla agus a chomrádaithe i dtreo bhealach isteach an rátha, áit as ar tháinig an t-ordú, dar leo, agus feictear Feardorcha ina sheasamh go dána idir ghais an dá chrann darach. Breathnaíonn an t-oifigeach dorcha an triúr trí scoilt chúng scáthlán súl a chlogaid. Tá a chlaíomh crochta ar fiar trasna ar a chliabhrach aige, greim daingean deasóige ar fheirc na huirlise aige agus an lámh á breith go scaoilte lena chiotóg mháilleach.

"Tusa, a dhuine," arsa Feardorcha, agus síneann sé an claíomh i dtreo Iarla. "Is faoi do choinnese a tháinig mé," ar sé, agus baineann sé lán na súl as an taoiseach óg. "Tá an t-ainniseoir sin d'athair leat curtha ar shlí na fírinne agam cheana féin. Agus sin é anois atá i ndán duitse freisin."

Bogann Iarla coiscéim nó dhó i dtreo Fheardorcha agus cuireann leathlámh lena chlaíomh. Tá sé díreach ar tí an uirlis a tharraingt glan as an truaill nuair a bhuaileann Caltra ina choinne rud beag, ansin deifríonn thairis. Tá claíomh an ógánaigh sínte díreach amach roimhe agus é ag déanamh ceann ar aghaidh ar Fheardorcha.

"An Brianach Abú!" arsa an stócach, agus luas maith faoi 'gus é ag déanamh ar an ngríosóir. Ach gan san ionsaí seo, dar le Feardorcha ach puithín i lár stoirme. Ligeann sé do Chaltra teacht chuige, síneann a chlaíomh féin amach caoldíreach i dtreo an bhuachalla agus, ag an bpointe is práinní ar fad sa rith, seasann sé ar leataobh agus ceadaíonn don stócach rith isteach ar an lann.

Is beag is eol don fhear óg faoina bhfuil tarlaithe dó. Aon scréach péine amháin as agus ritheann an fhuil uaidh díreach mar a rith fuil mhórán eile roimhe ar an lá cinniúnach seo. Ligeann Feardorcha don ógánach titim chun na talún agus lann an chlaímh go domhain isteach faoi na heasnacha air i gcónaí. Ansin seasann sé os cionn an chorpáin, beireann ar fheirc an chlaímh, cuireann cos anuas go trom ar chliabhrach an bhuachalla agus tarraingíonn an lann aníos go grod as. Leis sin, ardaíonn sé an t-arm agus ligeann do fhuil an stócaigh drithliú leis síos fad na lainne. Díreach agus an fhuil ag teacht gar don fheirc féin, cuireann Feardorcha a theanga leis an bhfaobhar agus ligeann do bhraonta na fola titim ar a theanga ina cheann agus ina cheann. Eisíonn sé gnúsacht eile den chineál céanna a thug sé uaidh cheana agus casann sé chun breathnú arís ar Iarla.

"Tusa," ar sé, agus díríonn sé an claíomh ar Iarla den dara huair. Tá scáileanna na dtóirsí atá á n-iompar acusan atá i lár an áitribh i gcónaí le feiceáil go glioscarnach mioscaiseach damhsach i bplátaí dubha miotalacha de chulaith chatha Fheardorcha. "Is tusa, a Bhrianaigh, is cúis le mé a bheith anseo anocht, ach ní fhágfaidh ach duine amháin againn an láthair seo. Agus, a bhuachaill, is é an duine sin amháin a chaithfidh arís le hiníon Mhathúin, mar atá déanta againn beirt cheana." A fhios ag Feardorcha a mbeidh de thionchar ag an ráiteas sin ar Iarla agus caitheann sé siar a chloigeann agus déanann gáire magúil.

Tá Iarla le ceangal le teann feirge. Láithreach bonn, tarraingíonn sé a chlaíomh as a thruaill, ach tá Riordán taobh leis ar an toirt. Seasann a chomrádaí os a chomhair agus beireann greim láidir ar rostaí an taoisigh.

"Ná déan, a Iarla," arsa Riordán. "Nach hin é go díreach ab áil leis leis go ndéanfá! Bréag atá ann, a chara liom, agus gan ann ach sin. Bréag le go ndéanfaidh do chroí do chloigeann a riar. Ná bac leis, a Iarla." Agus daingníonn Riordán an greim atá aige ar rostaí Iarla agus cuireann air an claíomh a scaoileadh.

"Ní haon bhréag í ar chor ar bith ná an leathbhréag féin," arsa Feardorcha, agus é ar a dhícheall chun an taoiseach óg a ghríosadh.

"Bréag agus gan ann ach sin," a bhéiceann Riordán, agus tiontaíonn sé a chloigeann chun breathnú ar an namhaid. Ansin, 's gan aon choinne leis, brúnn Riordán

Iarla siar in aghaidh bhruach an rátha, baineann a chlaíomh féin glan as a thruaill agus tugann amas ar Fheardorcha. Den ala sin, tagann mórsheisear saighdiúirí ar aghaidh go deifreach agus coinníonn Iarla i ngreim ar an talamh. Aon liú mór catha a ligeann Riordán as agus é ag déanamh ceann ar aghaidh ar Fheardorcha. Agus tá a fhios ag an gceann dorcha gur mó é an dúshlán atá roimhe ná mar a thug Caltra bocht ar ball beag.

Cling-cleaing miotalach na gclaíomh ar fud an áitribh agus splancanna le feiceáil ag preabarnach de na lanna. D'ainneoin géaga Iarla a bheith brúite siar in aghaidh an bhruaigh ag lucht a chloíte, is léir dó gach a bhfuil ag tarlú idir a chomrádaí agus Feardorcha. Cé gur láidir téagartha iad an bheirt atá ag troid in aghaidh a chéile, ní féidir le ceachtar de na céilí comhraic dhá luascadh as a chéile a bhaint as na claímhte, é sin toisc an meáchan atá sna hairm. As na hionathar iontu beirt a thagann gnúsacht i ndiaidh gnúsachta leis an uile iarracht uathu. Ach táid beirt chomh haclaí sin nach n-éiríonn le ceachtar acu an sprioc a bhaint ar an bhfear eile agus is den miotal ar mhiotal é an t-aon teagmháil a dhéantar.

Ní fada iad na nóiméid á gcarnú féin i dtoll a chéile agus caitear suas le leathuair leis an uile scil á léiriú, ach d'ainneoin sin, níl an ghoin is lú ar domhan gearrtha ag fear amháin díobh ar an duine eile. Agus, ar feadh an ama sin, tá frustrachas Iarla á ardú agus cuma fhraochta air. Tá a fhios ag an taoiseach gur rud éigin eile seachas cúrsaí scile a chinnfidh toradh an chomhraic idir Riordán agus Feardorcha. Rud éigin falsa. Rud éigin nach dtugann cothrom na féinne do dhuine éigin den bheirt. Agus leis sin, tarlaíonn sin.

Tá Riordán díreach i ndiaidh ceann eile d'iarrachtaí scuabacha Fheardorcha a chur de. Tá géaga na beirte trom lag ag a bhfuil d'fhuinneamh caite acu agus tá a fhios acu araon gurb í an easpa nirt a bheidh mar ábhar teipe ag duine díobh thar aon cheo eile. Ardaíonn Riordán a chlaíomh fós eile, é ar foluain os a chionn aige. Daingníonn sé a shúil lena chéile comhraic agus tugann gach uile unsa fuinnimh a bhfuil ann don bhfogha deiridh. Ach tá Feardorcha chomh haclaí céanna is a bhí an chéad lá riamh, agus seasann sé ar leataobh agus ligeann do Riordán dul thairis go rábach éadreorach. Tuairt thurraingeach chlaíomh Riordáin in aghaidh ghais cheann den dá chrann darach ag béal an áitribh agus briseadh na lainne ina dhá leath glan a thugann comrádaí Iarla chun stad.

Agus casann Riordán agus an leathchlaíomh ina dheasóg aige. Aithníonn sé ar a chéile comhraic nach ann do thréith na trócaire ina chroí. Go deimhin, dá mba eisean féin a bheadh in uachtar sa troid, tá a fhios aige nach spárálfadh seisean an leifteanant dubh ach an oiread. Go mall, go mailíseach, go marfach a thagann Feardorcha ina threo agus lann a chlaímh ardaithe thar a ghualainn chlé aige. Músclaíonn Riordán gach pioc misnigh atá ina chroí aige agus tugann ruathar faoi.

"An Brianach Abú!" ar sé ar ard a ghutha, díreach mar a rinne Caltra roimhe. Ach ní túisce an gháir chatha fógraithe ag an laoch nó scuabann lann Fheardorcha leis an sprioc agus, i bhfaiteadh na súl, baintear cloigeann Riordáin lom glan dá ghuaillí. Seoltar an cloigeann i bhfad amach thar chiumhais an rátha agus cloistear béic iarsmach an laoich ina mhacalla ar an aer máguaird.

Ansin casann Feardorcha agus tugann aghaidh ar Iarla.

Tá a fhios ag an leifteanant nach bhfuil ach gníomh amháin eile le déanamh le go ndíbreofar cumhacht na mBrianach chun na hithreach.

"Scaoiligí é," ar sé go grod leo siúd a choinnigh Iarla faoi cheangal le linn do Fheardorcha agus Riordán a bheith i mbun troda. Tá Iarla stróicthe ina chroí istigh ag a bhfuil tarlaithe do Riordán agus do Chaltra roimhe. Ach tá a fhios aige, leis, nach féidir ligean do na mothúcháin a chiall a riar, gur gá léire intinne ag an bpointe seo thar aon ní eile. Tá fainic Riordáin úr beo ina chloigeann i gcónaí faoi gan ligean d'iarracht ar bith de chuid Fheardorcha é a ghriogadh. Seasann Iarla. A fhios aige go gcaithfidh sé guaim a choinneáil air féin, go gcaithfidh sé a bheith stuama, nach féidir leis a thabhairt le fios ar bhealach ar bith go bhfuil aon easpa cinnteachta ag baint leis.

"Agus céard é atá mar ainm ort, a dhuine, a shíleann dúshlán an Bhrianaigh a thabhairt?" arsa an taoiseach. Cuma fhéinmhuiníneach ar Iarla ar chur na ceiste dó, cé, le fírinne, go n-airíonn sé creathán na neirbhíseachta ag dul tríd ó bhun go barr. Ach baineann giorraisce agus dánacht na ceiste siar beag éigin as Feardorcha soicind agus tá sé rud beag in amhras go mb'fhéidir gur mó é mianach Iarla ná mar a shíl sé.

"An é go bhfuil do ghnúis chomh gránna sin nach mbainfeá díot do chlogad agus aghaidh a thabhairt ar an duine atá chun tú a chloí?" arsa Iarla, agus é á rá sin díreach ar shála na ceiste a d'imigh roimhe, le nach mbeidh deis ag Feardorcha an chéad cheist díobh a fhreagairt.

"Nó an fúmsa a fhágfar é an clogad a bhaint díot i ndiaidh dom tú a rith tríd go feirc an chlaímh?" Agus arís eile, is ar shála na ceiste roimhe a thagann an tríú ceist seo agus é mar aidhm ag Iarla leis i gcónaí an mhíshocracht a chothú in intinn Fheardorcha.

Tá súile Fheardorcha scolta taobh thiar d'aghaidh an chlogaid. Tá sé griogtha ag an bhfearg ach, ach an oiread le hIarla féin, tuigeann sé gurb eisean a bheidh faoi mhíbhuntáiste láithreach má léiríonn sé sin i láthair an Bhrianaigh. Íslíonn sé a chlaíomh, casann agus leagann é in aghaidh ghas an chrainn darach chéanna ar ar bhris Riordán a chlaíomhsa ar ball. Casann sé i dtreo Iarla, cuireann a lámha le dá thaobh an chlogaid agus tosaíonn ar é a bhaint. Tá ciumhais íochtair an chlogaid díreach ardaithe thar na súile aige nuair a chastar an uile ní ina ghirle guairle thart air. As an dorchadas a tháinig súile an leifteanaint agus ní thuigeann sé gurb é atá tarlaithe ar fheiceáil an tsolais dó ná, den ala céanna sin, go bhfuil an colm tagtha anuas as na craobhacha agus gurb í a eitilt fhraochta sin is bunús le dúghleo a thógáil ina thimpeall. Déanann Feardorcha láithreach ar bhreith ar an gclaíomh athuair ach, san iarracht sin, téann a chos i ngreim ar cheann de rútaí an chrainn agus baintear barrthuisle as. Ach ní túisce an claíomh ina láimh aige agus é réidh chun tarraingt ar an éan le flip nó tá an colm eitilte go dtí an taobh eile den ráth agus tá na saighdiúirí i lár an rátha sna trithí gáire faoi leibideacht Fheardorcha. Tuigeann sé féin cuma amadáin a bheith air agus, anuas air sin, tá goimh air i gcónaí le hIarla toisc nádúr na gceisteanna a chaith sé leis.

"Bailigí libh as seo," ar sé go spréactha. "Gabhaigí 'dtí diabhail ar fad as an áitreabh. Amach libh, chuile dhuine agaibh. Amach. Amach, amach, amach," ar sé go fraochta.

Is beag a deirtear i measc na saighdiúirí agus iad ag fágáil an rátha ar an toirt, ach is iomaí duine díobh ar mhó ná sásta é ciotrainn Fheardorcha a fheiceáil. I rún a gcroíthe istigh tá mórán de na fir ar olc leo an díbirt fhealltach atá déanta ar Dhonncha agus ba thúisce i bhfad a thabharfaidis a ndílseacht dósan ná do Fheardorcha, ach an misneach sin a bheith acu. Iad lasmuigh den ráth ag an bpointe seo agus suíonn siad fúthu leathbealach idir chiumhais an áitribh agus an cuas talún úd inár ndearnadh sléacht ar mhórán níos luaithe sa lá. Cheana féin, cloiseann siad cling-cleaing miotalach na troda sa ráth istigh agus airítear séideán gaoithe ina thús ó thuaidh orthu.

Istigh sa ráth, tá Iarla go mór faoi bhrú ag Feardorcha. Tá a dhroim brúite in aghaidh bhruach an leasa agus greim ar dhá cheann dá chlaíomh aige agus é fiarthrasnach ar a chliabhrach le nach ndéana lann a chéile comhraic dochar dó. Tá a n-aghaidheanna i bhfoisceacht orlach nó dhó dá chéile agus, d'ainneoin an doircheacht ina dtimpeall, is léir d'Iarla iad polláirí Fheardorcha agus iad ag at agus ag pumpáil os a chomhair. Is mó agus is láidre i bhfad é Feardorcha ná mar a shíl Iarla é a bheith nuair a chonaic sé uaidh ar dtús é agus tá an t-amhras ag méadú in intinn an Bhrianaigh cheana féin go mb'fhéidir nach mbeidh sé in ann é a cheansú. Tá Iarla á charnú féin, é á réiteach féin d'aon iarracht mhór amháin chun Feardorcha a chur de nuair a thugann sé faoi deara go bhfuil an pumpáil a bhí ag gabháil dá pholláirí ar ball beag á leathnú féin anois don uile chearn d'aghaidh an leifteanaint. Tá sé amhail is go bhfuil gléas beag rúnda éigin ag oibriú leis taobh istigh de chloigeann Fheardorcha. Ceapann Iarla soicind nó dhó gurb é is cúis leis ná géire na gaoithe aduaidh atá ag éirí ina gcoinne, ach ní fada sin mar smaoineamh aige. Athraíonn an pumpáil anois ina bhroidearnach – é foiréigneach preabach – agus feictear comharthaí claochlaithe ina dtús ar aghaidh Fheardorcha.

Díríonn an Brianach gach uile unsa nirt, idir chorp agus mheon, isteach ina lámha. Daingníonn sé a ghreim ar dhá cheann an chlaímh agus tosaíonn ar bhrú i gcoinne an mheáchain mhóir atá ag tromaíocht air. Gan an chuma ar an iarracht ar dtús go bhfuil aon dul chun cinn i ndán dó ach, agus síol an amhrais ar tí é féin a chur, airíonn sé nach bhfuil dúshlán Fheardorcha baileach chomh láidir agus a bhí go nuige seo. Breathnaíonn sé go géar dána isteach in aghaidh an oifigigh. Tá an claochlú ar a aghaidh faoi lánseol agus is léir ar Fheardorcha go bhfuil a aird roinnte idir sin agus an troid. Bogann sraith de starrtha cnapánacha go héadreorach corrmhéineach faoi chraiceann a chláréadain agus feictear d'Iarla gur beag ar fad cosúlacht atá idir seo agus an aghaidh a bhí os a chomhair nuair a chonaic sé den chéad uair í. Agus neartaítear an ghaoth atá á séideadh isteach sa lios.

De réir mar a laghdaítear brú Fheardorcha rud beag eile, tuigeann Iarla go gcaithfidh sé an deis a thapú. Cruinníonn sé gach pioc nirt dá bhfuil ann, radann a ghlúin aníos chomh láidir in Éirinn agus is féidir agus isteach léi i mbléin Fheardorcha, agus brúnn sé an t-ionsaitheoir amach uaidh ag an am céanna. Déanann Iarla féin iontas de chomh maith agus a éiríonn leis an t-oifigeach a chur de. Díbrítear Feardorcha amach uaidh leathbhealach trasna an rátha agus cuimlíonn géaga an tsaighdiúra d'aibhleoga na tine agus é ag titim siar ar an talamh. Feictear an ghríosach á scaipeadh san uile threo, iad á mbreith ag an ngaoth agus a ndeirge á séideadh nó gur báine iad ná dearg in aghaidh dhoircheacht na hoíche. Agus luíonn Feardorcha ina mheall mór dubh píosa beag amach ó láthair na tine.

Níl a fhios ag Iarla an faoiseamh nó rud eile é an rud a airíonn sé istigh. Tréigeann sé ciumhais an leasa agus tagann i dtreo Fheardorcha go cáiréiseach. Gan ach an dornán coiscéim siúlta aige nuair is léir corraíl ghuairneánach as an meall dubh a bhfuil sé ag druidim leis, ansin socraíonn sin arís. Stopann Iarla soicind, fanann ar an dara corraíl agus, nuair nach dtarlaíonn sin, bogann sé rud beag eile i dtreo an mhill. Agus, leis sin, casann an séideán ina fhleá feanntach gaoithe, í ina cuaifeach camfheothanach foiréigneach agus idir dhuilleoga agus chraobhóga agus gach ní éadrom eile a luíonn ar dhromchla na talún á n-ardú aige. Scuabtar gríosach na tine chun na cheithre hairde agus tá ar Iarla féin cromadh go híseal le nach mbéarfaidh an racht gaoithe air. Agus ní túisce cromtha é ná tá an uile ní ina chiúin athuair. Seasann an taoiseach suas díreach arís. Eitlíonn an colm amach as clúid na gcraobh agus tuirlingíonn ag béal an tsouterrain.

Tá aird tugtha ag Iarla ar eitilt an éin agus, díreach agus é tuirlingthe, tá corraíl eile fós faoin meall agus tagann uaill uafar as, rud a chuireann ar an taoiseach suntas a thabhairt dó sin. Agus, nuair a dhéanann sé sin, is é atá in áit Fheardorcha ná neach dubh gránna anchruthach. Baintear siar as Iarla ag a bhfeiceann sé os a chomhair amach. Is é an t-ainmhí drochthuarach céanna é a rinne an feall treascairteach mailíseach úd ar an mBantiarna Sorcha. Tá crúba, mar a bheadh ar chapall, ar na cosa faoi. Ach d'ainneoin sin, rud nach gceapfaí a bheith nádúrtha, is léir ingne a bheith ar na crúba céanna sin, agus tá na matáin ag seasamh amach go righin féitheogach ar mhuineál an ainmhí. Déanann Iarla ar bhogadh dreas beag eile ina threo ach, leis sin, cuireann rud beag éigin istigh ann féin fainic air gan sin a dhéanamh.

Tá an t-ainmhí go hiomlán ar a cheithre boinn faoi seo, é chomh dubh le sméar, agus casann sé i dtreo Iarla agus ligeann gnúsacht leis. Gnúsacht bhagrach riastach é a eisíonn féin amach san oíche agus, ar a sála sin, feictear dhá starrfhiacail á síneadh féin go bángheal amach as béal an ainmhí. Agus cúlaíonn an Brianach óg rud beag le teann faitís. Casann an t-ainmhí a chloigeann, tugann a shúile aird ar an gcarn cré faoina luíonn corpán Dhiarmada agus bogann sé ina threo sin. Fanann Iarla, féachaint a bhfuil ag tarlú. Tá an t-ainmhí ina sheasamh os cionn an chairn faoi seo agus é ag déanamh lapaireachta ar an gcarnán puitigh. É bog mall sa lapaireacht ar dtús ach, de réir a chéile, tagann gus faoin ngluaiseacht chéanna. Anuas air sin anois, tá foiréigean suntasach san ngluaiseacht a chuireann an láib á scuabadh san uile threo agus, in imeacht an nóiméid féin, nach mór, tá corpán Dhiarmada nochta agus tá feoil an taoisigh mhairbh á stróiceadh go fraochta ag an ainmhí lena ingne.

"Bastarrrrrd!" arsa Iarla, de ghlam mór fada, agus caitheann sé é féin ar aghaidh i dtreo an ainmhí agus a chlaíomh á luascadh go scuabach aige. De chasadh boise is ea a thugann an t-ainmhí aird ar ionsaí an Bhrianaigh agus seasann sé siar ar a chosa deiridh agus cuireann cuil air féin faoi choinne a theachta. Tá an neach ar a laghad a dhá oiread chomh hard le hIarla féin. Díreach agus an taoiseach ag teacht i ngar dó, caitheann an t-ainmhí ceann dá ghéaga tosaigh amach de lascadh le hIarla agus stróiceann na hingne go géar domhain goimhiúil isteach i bhfeoil an leathleicinn air. Titeann an t-ógfhear chun talún agus ní túisce sin nó tá an t-ainmhí sa mhullach air, é ag oibriú smulc a chinn ar mhuineál Iarla agus é ar a dhícheall cloigeann an taoisigh a bhrú siar. É ag dul dian ar Iarla an brú a sheasamh agus, ar deireadh, géilleann sé don iarracht agus fágann a mhuineál lánoscailte do thoil an ainmhí agus dá starrfhiacla goineacha.

Caitheann an t-ainmhí siar a chloigeann agus beireann a bhfuil de sholas ann ar fhiacla géara a chinn agus é á réiteach féin don chreach. Leis sin, agus gan aon choinne leis, caitear solas bladhmach ar fud an leasa agus tá sé ina lánsolas, é díreach mar a bheadh gile an lae ann. Agus feictear an colm bán go foluaineach san aer os cionn na láthar. Tá sé mar atá an t-éan socair san aer agus is léir gur as sin amháin a eascraíonn an lonrachas. Tá an t-ainmhí thíos faoi gheasa ag an ngile. Déanann an colm é féin a ísliú athuair go béal an tsouterrain agus tá deireadh arís leis an solas a d'eascair as a shúile. Ach tá báine i súile an éin i gcónaí agus is gile géire iad ná súile ar bith eile. Tá a fhios ag an ainmhí gur súile iad seo atá feicthe aige cheana, Agus, i bhfaiteadh na súl diamhair sin, casann an colm ina dhuine agus is é an manach dall Benignus é. Eisean amháin anois a sheasann ag béal an tolláin agus tuigeann an t-ainmhí méid an dúshláin a sheasann os a chomhair amach.

"Imigh leat, a Iarla," arsa Benignus de ghuth séimh, agus súile Fheardorcha faoi bhriocht aige i gcónaí.

Tá creathán ag dul trí Iarla ag gach a bhfuil tarlaithe agus gan tuairim dá laghad aige cé hé an fear seo chuige ar éan é cúpla soicind roimhe sin. Amharcann an taoiseach ar an ainmhí agus feiceann go bhfuil sé gan chor gan mhaith agus é faoi gheasa ag an bhfeiniméin aisteach seo i gcónaí.

"Fágfaidh long calafort na Gaillimhe ar uair an mheánoíche agus í ag dul anonn go Genoa na hIodáile, a Iarla," arsa Benignus. "Beidh an Bhantiarna Sorcha ar bord na loinge sin agus seans nach mbeidh an teacht anall riamh i ndán di."

An scaoll go hard ar shúile Iarla láithreach. Sorcha. An Iodáil. Gan an teacht anonn i ndán di!

"Ach níl an lá caillte fós, a chara liom. Anois, imigh leat go beo," arsa an manach leis an ógfhear, agus ní bhaineann sé gile na súl de Fheardorcha ar feadh an mhilisoicind féin agus é á rá sin. Ansin, bogann Benignus rud beag amach ó bhéal an tolláin. Tá mion-amhras ar Iarla fós an cóir dó imeacht mar atá ráite leis a dhéanamh. Breathnaíonn sé ar Fheardorcha arís, ach is léir ar an ainmhí go bhfuil seisean beag beann ar Iarla a bheith ann, fiú, ag an bpointe seo, agus é i ngreim ag súile an mhanaigh.

"In ainm an Bhrianaigh a deirim leat imeacht," arsa Benignus, agus ní hann don eiteach ina dhiaidh sin. Seasann Iarla ag béal an tolláin agus ardaíonn ceann de na tóirsí a rinne duine de shaighdiúirí Fheardorcha a iompar isteach san áitreabh ar ball. Féachann sé ar Bhenignus, ansin ar an ainmhí, Feardorcha, ansin ar ais arís ar an manach. Ach ní bhacann ceachtar den bheirt eile le súile Iarla.

"Imigh, a Bhrianaigh, agus go dtuga Dia slán ó thuaidh chun na Gaillimhe tú," arsa Benignus. Agus sula mbíonn deireadh ráite ag an seanfhear, tá an taoiseach imithe as radharc isteach i mbolg an tolláin.

An solas ar an dubh sa ráth go ceann tamaill mhaith fós. An Mhaitheas ar an Olc. Is rímhaith is eol do Fheardorcha cén ghile í seo air. Tuigeann sé an scrios a d'fhéadfadh

Benignus a imirt air sa mhainistir ar ball murach gur tháinig an tAb Nilus i gcabhair air in am. Ach tuigeann sé leis nach féidir le ceachtar den dá chumhacht a chéile a chloí go hiomlán. Thuas seal thíos seal acu beirt, agus sin mar a bhíonn agus mar a bheidh i gcónaí. Ach is ar scáth a chéile a mhaireann siad beirt agus níl aon imeacht uaidh sin. Agus tá na súile faoi bhriocht a chéile i gcónaí.

* * *

Agus Iarla ag druidim le ceann eile an tolláin, déanann sé ceann an tóirse a shacadh in aghaidh na talún agus múchtar é. Caithfidh a bhfuil de sholas na hoíche ann cúis a dhéanamh le go ndéana sé a bhealach. Ardaíonn sé a chloigeann go mall cáiréiseach as an bpoll nó go mbíonn a shúile rud beag éigin os cionn leibhéal an fhéir agus breathnaíonn díreach roimhe. Gan duine ná deoraí le feiceáil. Sracfhéachaint ar dheis agus ar chlé agus níl le feiceáil aige ach na capaill atá bailithe le chéile ar thaobh na fothaine den gharraí ina bhfuil siad. Casadh siar agus, píosa maith uaidh, tá saighdiúirí Fheardorcha a díbríodh as an lios ar ball, agus iad ina suí ar an bhféar idir é agus an ráth féin. An t-ádh leis ar an uile bhealach, síleann sé. B'ábhar imní dó é ar feadh an ama agus é ag cúrsáil tríd an tolláin, go mb'fhéidir go mbeadh air bealach timpeall ar na saighdiúirí a aimsiú. Nó, rud ba mheasa ná sin ar fad, go dtiocfadh sé aníos as an tollán agus é i gceartlár an chomhluadair chéanna. Agus cá bhfágfá é mar ádh, agus na capaill ansin roimhe!

Síneann Iarla a dhá lámh suas trí'n bpoll, ansin brúnn síos arís iad in aghaidh na créafóige agus ardaíonn é féin amach ar dhromchla an talaimh. Cromann sé go híseal, é ag breathnú san uile threo, agus ar shaighdiúirí Fheardorcha ach go háirithe. Ach, d'ainneoin oscailteacht an cheantair ina bhfuil siad, tá na troithigh beag beann ar rud ar bith ach a gcuid cabaireachta féin. Tugann Iarla a aird go hiomlán ar na capaill agus déanann caoldíreach ina dtreo.

Ach tá casadh i ndiaidh chasaidh istigh sa ráth. Tá an chuma ar Fheardorcha – ainmhí – go bhfuil sé ag cúbadh go géilliúil i gcónaí faoi dhearcadh soilseach Bhenignus. Tá an t-ainmhí casta isteach air féin agus gach cuma air gur lú i bhfad anois é ná mar a bhí cheana. Ach tá Benignus seanchleachtaithe ar nósmhaireacht mar é. Is ró-mhaith a thuigeann seisean nach bhfuil tréith na géilliúlachta ina leithéid, díreach mar nárbh ann dó i gcás Darkon in aimsir Shobharthan Fáidh agus a hathair, Emlik, nuair b'ann dóibh féin agus dá muintir ar shleasa Loch Reasca, tá míle cúig chéad bliain siar …

Sobharthan – iníon le hEmlik; Emlik – mac le Relco;
Relco – athair le Darkon; Darkon – deartháir le hEmlik;
Emlik – athair le Sobharthan. Sobharthan – Fáidh.
Chas sí go mall, mar is mall a chasann an Ciorcal féin.
Agus, ach an oiread leis an gCiorcal, níl aon deireadh leis an gcasadh.

Agus tá a fhios ag Benignus cad as ar tháinig bua seo na fáistine chuige. Is den Chiorcal Síoraí é bua an fháidh. Feiceann siad a bhfuil istigh, feiceann siad a bhfuil amuigh. Feictear an uile ní ar aon dul amháin – a bhfuil thart, a bhfuil ag tarlú, a bhfuil le teacht fós.

Agus, ach an oiread le Benignus, tá a fhios ag Feardorcha

cad as dó féin chomh maith, agus tuigeann sé nach féidir an tOlc a scriosadh.

Tá an t-ainmhí chomh beag fáiscthe sin air féin anois gur deacair don té nach dtuigeann a leithéid a chreidiúint gurb é seo an neach uafar céanna a rinne éigniú ar Shorcha álainn shéimh agus a rinne leiceann Iarla a stróiceadh go fíochmhar fealltach. Agus breathnaíonn Benignus air. Agus fanann Benignus air. An t-ainmhí iomlán casta isteach air féin anois, é chomh beag bídeach ag an bpointe seo gurbh fhurasta é a shamhlú i ngreim ag dorn an Riordánaigh éachtaigh – Riordán, nach ann dó a thuilleadh. Leis sin, tá corraíl bheag eiteallach le sonrú air agus, ina dhiaidh sin arís, a thuilleadh corraíola. Fásann cruth éiginnte ina thimpeall, spréitear sciatháin de chineál, ansin dúnann siad arís, agus feictear gob éin á shíneadh féin amach as béal an neach seo atá á fhoirmiú féin air féin … agus feictear gurb é atá san fhoirmiú sin ná corr éisc. Corr éisc. Agus baintear siar as Benignus féin ag a bhfuil ag tarlú ina láthair agus tosaíonn scáth an chealaithe ar é féin a leathadh ar shúile an tseanfhir.

Is cruth foirfe foirmithe anois é Feardorcha-ainmhí agus is é an chorr éisc é. Cúrsaíonn an tsúil go huile-fheiceálach i logall mór a chinn. Ach ní den Maitheas é amharc na súile sin agus tuigeann an tOlc féin go bhfuil an lá leis, go bhfuil an bua aige, go bhfuil a sheanchéile comhraic sáraithe aige an babhta seo. Agus slogtar gach rian den tsolas as súil an tseanmhanaigh nó gur dorcha ná dubh é, agus cromtar cloigeann an tseanfhir. Tá Benignus spíonta. Ní fada eile é a sheal ar an saol seo agus tá a fhios aige nach bhfeicfidh sé bachlóga an Earraigh ar na crainn arís. Agus, in imeacht ama, glacfaidh spiorad agus bua na fáistine ann seilbh ar anam éigin eile, uair a mbeidh an Mhaitheas agus an tOlc go mór in adharca a chéile fós eile.

Seolann an chorr éisc grágaíl ghliograch uaidh amach ar aer na hoíche, leathann a sciatháin den dara huair agus, ar bheagán iarrachta, teilgeann é féin den talamh. De chasadh boise, tá sé os cionn na gcrann agus é ag eitilt de thruslóga leathana liodránta. Déanann sé cúrsa ciorclach den ráth faoi thrí, ansin casann agus tugann aghaidh ó thuaidh ar Bhá na Gaillimhe.

16

Tá idir chapall agus mharcach ag sileadh allais go fras agus iad ag teacht i ngar do Loch a' tSáile.

Táid i bhfoisceacht roinnt nóiméid taistil de chalafort na Gaillimhe. Fad an bhealaigh dó as Cor Chomrua go seo, bhí Iarla beag beann ar rud ar bith a bhí timpeall air, é sin toisc déine na deifre a bhí air ar feadh an ama. Is ar éigean a bhfuil cuimhne ar bith aige ar dhul trí ghráig bheag iascaireachta Chinn Mhara ná, go deimhin, trí'n gclochán beag soir air sin, áit ar thóg Naomh Colgán an chill a bhfuil a ainm uirthi i gcónaí. Is i ngeall amháin ar fhliuchras an uisce a caitheadh aníos air féin agus ar an gcapall agus iad ag rásaíocht leo trí shruthán an Chláirín agus, ina dhiaidh sin arís, úire an uisce ag an Fhuarán Mór, go bhfuil an mionchuimhne féin aige ar dhul tríd na háiteanna sin.

Cheana féin, tá Iarla imithe thar an leithinis úd a ghobann amach sa loch ar thaobh na Gaillimhe de agus a threoraíonn aird an fhairtheora ar an Rinn Mhór. Siar uaidh sin, tá idir sheolta agus chrainn na mbád i gcalafort na Gaillimhe le feiceáil agus iad ag seasamh amach in aghaidh sholas na hoíche. É níos gaire fós anois dóibh nuair a thagann guthanna mhairnéalaigh ón iasacht ar an aer chuige agus feiceann sé gluaiseacht faoi sheolta móra bána ar an uisce. Meascán den méid a chloiseann sé agus an rud a fheiceann sé a chuireann scaoll ar a chroí.

An casadh deiridh ar an gconair glactha acu, iad anois ag déanamh ar an nduga agus tá Iarla ag guí chun Dé nach gcasfaidh an faitíos atá air ina réalachas. An long úd faoi sheol a chonaic sé ar ball beag, tá radharc glan iomlán aige anois uirthi agus í ag bogadh go réidh amach ar an uisce. Árthach maorga ceathair-chrannach í agus tá daoine ag siúl ón duga ar ais i dtreo an bhaile tar éis dóibh an long a chur chun bealaigh.

Tá leathchos crochta ag Iarla gar don talamh cheana féin, agus an capall ag druidim leosan atá ag tréigean an duga. Cuireann teacht an ainmhí faoi luas ar na siúlóirí scinneadh leo as an mbealach le nach ndéanfar bascadh orthu. Teagmhaíonn dhá chos Iarla den talamh, agus scaoileann sé a ghreim ar shrian an eich agus ligeann dó dul ar aghaidh píosa eile fós sula stopann sé.

"An long sin, an long sin atá ag fágáil an duga, a dhuine, cá bhfuil a triall?" arsa Iarla le duine den chomhluadar. Níl tuairim ag Iarla gurb é Richard le Blake é an té seo a bhfuil sé ag radadh na ceiste leis.

Is lú ná sásta atá an Blácach toisc a bhfuil de gheit bainte as féin agus a chompánaigh ag teacht deifreach seo an chapaill, agus cuirtear leis an olc air ag an gcuma shotalach a shíleann sé a bheith ar Iarla.

"Cad is cás leatsa é, a dhuine, cá bhfuil a dtriall nó a bhfuil ar bord uirthi?" arsa an Gaillimheach go borb leis.

"Le do thoil, a dhuine uasail," arsa Iarla, agus is léir deasghnáth na cúirtéise uaidh a bheith ag dul i gcion ar an mBlácach láithreach, "an é Genoa na hIodáile ceann scríbe na loinge sin?"

"Genoa, go deimhin, agus ní haon áit eile í," arsa an fear uasal. "*La Bella Donna*, agus í faoi stiúir an Chaptaen Giacamo Annelli."

"Agus Sorcha – Sorcha – an bhfuil sí ar bord?"

Idir iontas agus amhras a airíonn an Blácach ar chloisteáil

na ceiste dó agus aithníonn Iarla é sin air ar an bpointe.

"Is í mo leannán í, a dhuine uasail," arsa Iarla. "Táimid le pósadh. Is mise Iarla, mac Dhiarmada Uí Bhriain. Anois, inis dom, le do mhíle thoil, an bhfuil Sorcha ar bord na loinge?"

An t-iontas amháin atá le sonrú ar aghaidh an Bhlácaigh ag an bpointe seo agus gan rian den amhras fanta.

"Sea, tá sí ar bord, ach …"

Agus, sula mbíonn deireadh ráite nó leathráite ag an bhfear, tugann Iarla do na bonnaibh é agus rásaíonn sé leis fad an chladaigh.

"A Shorcha," a bhéiceann sé. "A Shorcha-a-a-a-a." An dá mhullard iarainn ag ceann an chladaigh a chuireann stop le hIarla sula ndeifríonn sé ceann ar aghaidh isteach san uisce féin. "A Shorcha-a-a-a-a," ar sé ar ard a ghutha arís eile.

"A Iarla," a chloiseann sé ar an leoithne chuige. Nó an é go gcloiseann sé sin, i ndáiríre? Seans, a shíleann sé, gurb é atá ann go gceapann sé go bhfuil sé á chloisteáil sin. Go dteastaíonn uaidh é sin a chloisteáil.

"A Iarla," a chloiseann sé arís, agus an babhta seo níl aon amhras air. Daingníonn sé a shúile agus breathnaíonn amach ar dhoircheacht an uisce agus tá sé cinnte de gur féidir leis cruth Shorcha a dhéanamh amach agus í ina seasamh ag ceann na loinge. Sea, is í atá ann, go cinnte, a shíleann sé, í feistithe i ngúna bán agus a lámh sínte amach aici leis.

"A Shorcha," ar sé arís, agus síneann sé a lámh féin léi. "Tiocfaidh mé faoi do choinne, a chroí. Tiocfaidh mé faoi do choinne." Agus, de réir mar a eisítear na focail uaidh, titeann deora an tsalainn ar a leicne, ritheann leo a éadan síos agus isteach leo i ndá chúinne a bhéal.

Brúnn an Brianach é féin go láidir in aghaidh cheann den dá mhullard ag ceann an chladaigh agus breathnaíonn sé amach ar an gcur bán atá á chaitheamh aníos ag an long. "Tiocfaidh mé faoi do choinne," ar sé arís, ach, an babhta seo, is mó gur leis féin ná léi-se a deirtear na focail sin. Síneann sé a lámh isteach faoin uchtphláta miotalach, ansin isteach faoina thuineach agus aimsíonn sé an sparán a thug a athair dó roimh dóibh dul chun troda. Scaoileann sé an tsnaidhm ar iall leathair an spáráin agus baineann a bhfuil ann amach as. Cloch de chineál éigin, is léir, agus síneann sé amach uaidh féin é agus léirítear dó, trí sholas bán an chúir gurb é atá ann ná cloch ómra. Agus is é is túisce a thagann isteach i gcuimhne an ógfhir ná focail a athar leis go mb'fhéidir, lá éigin amach anseo, go ndéanfaidh seisean an chloch chéanna a bhronnadh ar a mhacsa, díreach mar a rinne Diarmaid leis féin. Ansin, breathnaíonn sé ar ais i dtreo na loinge.

"A Shorcha," ar sé arís, ar ard a ghutha, agus músclaíonn sé lán a nirt agus caitheann an chloch i dtreo na loinge. Níl tuairim aige an mbaineann an chloch ceann sprice amach nó nach mbaineann agus is i nganfhios dó a chromann Sorcha chun é a ardú de chláracha adhmaid na deice, áit a chloiseann sí í ag titim.

Gan choinne leis a dhéanann éan mór leathan-sciathánach faoileoireacht íseal os cionn chloigeann Iarla agus eitlíonn amach i ndiaidh *La Bella Donna*. Leanann súile Iarla eitilt an éin nó go bhfeiceann sé é ag tuirlingt ar an ráille iarainn ar chúl na loinge, é díreach taobh leis an áit a gceapann sé Sorcha a bheith ina seasamh i gcónaí. Scaoileann an t-éan a ghrágaíl shainiúil féin amach san oíche agus aithníonn Iarla ar an ngleo gur corr éisc é.